21세기 제롬 성경 주해 06

구약성경

민수기·신명기

The Jerome Biblical Commentary for the Twenty-First Century, Third Fully Revised Edition
— *Numbers* and *Deuteronomy*
by Dale Launderville, O.S.B. and Don C. Benjamin

21세기 제롬 성경 주해 **06**
민수기·신명기

서울대교구 인가: 2024년 5월 23일
초판 1쇄 펴낸날: 2025년 10월 23일

지은이: 데일 론더빌 O.S.B. / 돈 C. 벤저민
옮긴이: 윤성희
펴낸이: 나현오
펴낸곳: 성서와함께

주소: 06910 서울특별시 동작구 흑석로13길 7
전화: (02) 822-0125~7/ 팩스: (02) 822-0128
인터넷서점: http://www.withbible.com
전자우편: order@withbible.com
등록번호 14-44(1987년 11월 25일)

ISBN 978-89-7635-458-7 94230
978-89-7635-920-9 (세트)

21세기 제롬 성경 주해 06

민수기·신명기

데일 론더빌 O.S.B. / 돈 C. 벤저민 지음
윤성희 옮김

성서와함께

서문

The Holy See

“그때에 예수님께서는 그들의 마음을 여시어 성경을 깨닫게 해 주셨다”(루카 24,45). 이는 부활하신 주님께서 승천하기 전에 행하신 마지막 행위 중 하나였습니다. 예수님께서는 제자들 앞에 나타나시어 빵을 떼어 나누고, 그들의 마음을 열어 성경을 깨닫게 하셨습니다. 그리고 두려움과 당혹감에 휩싸인 제자들에게 파스카 신비의 의미를 밝히셨습니다. 성부의 영원한 계획에 따라, 예수님은 인간의 회개와 죄의 용서를 가져오기 위해 고난을 받고, 죽은 이들 가운데서 살아나셔야 했습니다(루카 24,26.46-47 참조). 그런 다음, 이 구원의 신비를 증언할 힘을 주실 성령을 보내 주겠다고 약속하셨습니다(루카 24,49 참조).

부활하신 주님과 믿는 이들의 공동체 그리고 성경의 관계는 그리스도인인 우리 정체성의 본질을 이룹니다. 마음을 열어 주시는 주님 없이는 성경을 깊이 이해할 수 없습니다. 그 반대도 마찬가지입니다. 성경이 없다면 예수님이 세상에 파견된 사건과 교회의 사명은 여전히 이해할 수 없는 채로 남았을 것입니다. 그러므로 예로니모 성인은 “성경을 모르는 이는 그리스도를 모르는 이”(《이사야서 주해》, 서론: PL 24,17B)라고 옳게 주장할 수 있었습니다.

요즘 그리스도교 공동체에서는 매일의 삶을 위해 대단히 중요한 하느님 말씀을 묵상하는 시간을 따로 마련하는 경우가 흔합니다. 지역 교회들은 신자들이 주님의 은총에 감사하고, 성경에 더 쉽게 접근하며, 매일 성경 속 가르침을 구현하고 증언하도록 돕기 위해 적극적으로 나서고 있습니다. 전 세계 가톨릭 학자들이 모여 만든《제롬 성경 주해*Jerome Biblical Commentary*》개정판은 교회에서 일고 있는 이 중요한 움직임을 더 분명하게 입증합니다.

끊임없이 다시 읽고 새길 만한 가치가 있는 문헌인, 제2차 바티칸 공의회 계시 헌장 〈하느님의 말씀*Dei Verbum*〉은 우리가 하느님의 말씀을 재발견하도록 큰 자극을 주었습니다. 그 헌장은 성경의 본질로서 대대로 전해 오는 하느님의 계시(제2장)와 성경의 영감(제3장)을 자세히 설명하고, 구약성경·신약성경(제4-5장)과 교회 생활을 위한 성경의 중요성도 아우릅니다(제6장). 교황 베네딕토 16세는 이 가르침을 발전시키기 위해 '교회의 삶과 사명 안에서 하느님 말씀'이라는 주제로 2008년에 세계주교대의원회의 정기총회를 소집하였고, 〈주님의 말씀*Verbum Domini*〉이라는 후속 교황 권고를 발표했습니다. 그 가르침은 우리 공동체의 토대로 남아 있습니다. 이 권고는 하느님 말씀의 수행적 성격을 각별히 강조하는데, 특히 전례의 맥락에서 그 말씀 특유의 성사적 성격이 두드러집니다.

그러므로 우리 하느님 백성의 삶은 당신의 신부가 사랑 속에서 성장하여 충실한 증인이 되도록, 지칠 줄 모르고 일러 주시는 주님 곧 살아 있는 말씀과 맺는 이 결정적 관계로 인해 끊임없이 드러난다는 말이 맞습니다. 그 살아 있는 말씀을 통해 우리는 유다인들과의 유대를 강화하고, 그리스도인의 일치를 위해 기도할 것을 격려받습니다.

이스라엘 백성이 바빌론 유배에서 고향으로 돌아왔다는 것은 율법서를 공개적으로 봉독한 일에서 결정적으로 드러납니다. 느헤미야기에서는 그 순간을 감동적으로 묘사합니다. 백성은 율법을 듣기 위해 '물 문' 앞 광장에 모였습니다. 그들은 유배 중에 흩어졌지만, 이제는 성경 주위에 '한 사람'처럼 모여 있음을 발견했습니다(느헤 8,1). 백성은 성경에 '귀를 기울이며'(느헤 8,3), 성경 말씀에서 그들이 살아온 경험의 의미를 발견하게 될 것임을 깨달았습니다. 선포를 들은 사람들은 큰 감동과 눈물을 보였습니다. "(레위인들은) 그 책, 곧 하느님의 율법을 번역하고 설명하면서 읽어 주었다. 그래서 백성은 읽어 준 것을 알아들을 수 있었다. 느헤미야 총독과 율법학자며 사제인 에즈라와 백성을 가르치던 레위인들이 온 백성에게 타일렀다. '오늘은 주 여러분의 하느님께 거룩한 날이니, 슬퍼하지도 울지도 마십시오.' 율법의 말씀을 들으면서 온 백성이 울었기 때문이다. 에즈라가 다시 그들에게 말하였다. '가서 맛있는 음식을 먹고 단 술을 마시십시오. 오늘은 우리 주님께 거룩한 날이니, 미처 마련하지 못한 이에게는 그의 몫을 보내 주십시오. 주님께서 베푸시는 기쁨이 바로 여러분의 힘이니, 서러워하지들 마십시오'"(느헤 8,8-10). 이 말씀은 위대한 가르침을 담고 있습니다. 성경은 몇몇 특권층을 위한 모음집이 아닐뿐더러, 어떤 이들의 유산도 될 수 없습니다. 무엇보다도 먼저 말씀의 메시지를 듣고 그 말씀 안에서 자신을 인식하도록 부르심 받은 사람들의 것입니다. 때로는 특정 집단이나 선택된 무리가 성경을 독점하려는 움직임이 있기도 하겠지만, 그럴 수는 없습니다. 성경은 주님을 따르는 이들의 책입니다. 그들은 성경 말씀을 들으면서, 흩어짐과 분열에서 떠나 일치를 향해 나아갑니다. 하느님의 말씀은 신자들을 하나로 묶고 한 백성으로 만듭니다.

그것이 바로 이 성경 주해서에 나타난 학문 유형인, 신앙 공동체를 위해 봉사하는 성경 연구의 중요성이며 사명입니다. 하느님의 백성에게 하느님 말씀을 여는 사목은 거룩한 책무로 진지한 연구와 깊은 사랑, 그리고 성경의 아름다움과 힘에 대한 열린 자세를 요청합니다. 권고 〈복음의 기쁨*Evangelii Gaudium*〉에서 믿음의 정신으로 수행되는 성경 연구와 해석의 소명에 대해 말한 바 있습니다. 복음을 전하겠다는 결심을 불러일으키는 최선의 동기는, 복음을 사랑으로 관상하고 조금씩 찬찬히 마음으로 읽는 것입니다. 이러한 방식으로 복음을 가까이할 때, 우리는 복음의 아름다움에 놀라고, 복음을 읽을 때마다 거듭 매료됩니다. 그러므로 우리는 관상의 정신을 빨리 되찾아야 합니다. 관상은 날마다 우리에게 보화가 맡겨져 있다는 것을 새롭게 깨닫도록 해 줍니다. 이 보화는 우리를 더욱 인간답게 만들고 새로운 삶을 살도록 도와줍니다. 우리가 다른 이들에게 전해 줄 수 있는 것 가운데 이보다 더 소중한 것은 없습니다(〈복음의 기쁨〉, 264항).

프란치스코 교황

Franciscus

여는 말

《21세기 제롬 성경 주해》는 가톨릭 학자들로 구성된 국제적인 팀이 펴낸 주해서이다. 성경 전체를 다루고 있는 이 한 권의 책은 성경을 공부하려는 학생, 성직자, 수도자, 사목자, 교사, 그리고 오늘날 세계에서 성경의 본질과 의미를 탐구하려는 평신도 등 광범위한 독자층에게 로마 가톨릭의 관점에서 성경에 대한 심도 있는 분석과 해석을 제공하려는 목적으로 출간되었다. 자신의 영적 자양분의 원천으로서 성경을 공부하고 성찰하는 사람, 성경 본문의 의미를 다른 사람들과 나누기 위해서 한층 더 깊은 이해를 추구하는 강론자나 교사, 성경을 심도 있게 탐구하려는 성경 공부 그룹의 봉사자와 그룹원들이 이 책을 신뢰하여 출전으로 활용하기 바란다.

이 책은 1968년에 *The Jerome Biblical Commentary*로 처음 출간되었고, 1990년에 전면 개정된 *The New Jerome Biblical Commentary*에 이어 세 번째 세대로 출간되었다. 오늘 우리가 이 특별한 가톨릭 자료를 다시 한번 선보이게 된 것은 대단한 영광이다. 이번에는 개정판이 아니라 완전히 새롭게 구성하였으므로 우리는 이 책의 표제를 대담하게도 《21세기 제롬 성경 주해*The Jerome Biblical Commentary for the Twenty-First Century*》라고 제안한다.

I. 가톨릭 성경의 쇄신

초판은 로마 가톨릭교회 성경 연구의 중요한 전환점에 등장하였다. 성경은 교리, 전례, 대중 신심, 예술과 문학에 반영되어 교회 생활에서 항상 고유하고 규범적인 역할을 해 왔다. 그러나 종교 개혁 시기에, 로마 가톨릭교회는 대중이 성경을 사용하는 데 다소 방어적인 태도를 취했다. 종교 개혁가들은 부패한 중세 교회를 비판하며, 활기찬 교회를 위한 본래의 영감을 회복하기 위해 성경으로 되돌아갔다. 진정한 그리스도인의 삶을 위한 단 하나의 규범으로 제시된 "오직 성경sola Scriptura"이라는 구호는, 가톨릭 지도자들에게는 교도권에 대한 도전으로 받아들여졌다. 가톨릭 신자들은 교회의 전통과 공식 가르침에서 벗어날 수 있는 성경에 대한 '사적 해석'을 시도하지 말라고 경고받았다.

이런 방어적인 태도는 19세기 말에 이르러 강화되었다. 그 당시 계몽주의의 흐름 속에 나타난 경험주의와 역사적 탐구의 영향력이 커졌고, 그런 경향이 성경 연구에도 적용되었다. 특히 18-19세기 유럽의 일부 학자들은 초월자에 대한 여지를 남겨 놓지 않은 채, 성경을 주로 흥미롭고 영향력 있는 역사적·문화적 유물로 여기는 관점에서 접근했다. 이런 자세로 인해 로마 가톨릭교회의 지도자들은 학문적 성경 연구의 역사적 방법론을 전반적으로 의심했고, 그런 방법이 성경 기록의 종교적이면서도 거룩한 특성에 대한 올바른 이해를 위협한다고 해석했다. 이 의심은 19세기 말과 20세기 초에 절정에 달했다. 가톨릭 성경 연구에 먹구름이 드리웠고, 많은 학자의 연구가 금지되거나 검열을 받았다. 대표적인 예가 1890년 예루살렘에 그 유명한 예루살렘 성서대학을 세운, 프랑스 도미니코회의 마리 조제프 라그랑주Marie-Joseph Lagrange 신부(1855-1938)이다. 그의 깊은 가톨릭 신앙과 교회에 대한 충성심이 결국에는 비판자들을 누그러트렸으나, 라그랑주 신부가 학자로서 추진한 많은 계획은 의심의 눈초리를 받았고, 그와 동료들은 결과적으로 고통을 겪었다.

성서학에 대한 가톨릭의 공식 입장은, 종종 현대 가톨릭 성서학의 대헌장Magna Carta으로 간주되는 1943년 비오 12세의 회칙 〈성령의 영감*Divino Afflante Spiritu*〉으로 극적인 변화를 맞는다. 교황의 고해 사제이자 영적 안내자이며 존경받는 성서학자였던 아우구스틴 베아 추기경(예수회)의 긍정적인 영향 아래, 교황은 역사적 탐구 방법의 적절한 사용을 허용하는 등 가톨릭 성서학의 쇄신을 장려했다. 그리하여 성경에 대한 교회의 인식과 교회 안에서의 성경의 역할에 놀랄 만한 변화의 길을 열었다. 교황의 이 회칙은 성경 연구로 전향하여 세계 유수의 대학에서 교육을 받고 교회 생활에 봉사할 준비가 된, 새로운 세대의 가톨릭 학자들을 고무했다. 또한 〈성령의 영감〉은 제2차 바티칸 공의회(1962-1965)의 개혁으로 나아갈 길을 닦았으며, 공의회의 주요한 헌장인 하느님의 계시에 관한 교의 헌장 곧 〈하느님의 말씀*Dei Verbum*〉에서 성경 연구를 강력히 지지하도록 자극했다. 성경에 대한 관심은 또한 제2차 바티칸 공의회 교령들의 정신과 내용을 특징지었다. (가톨릭교회의 역사에서 큰 주목을 받는 이 시기에 대한 상세한 설명은 이 책의 여러 본문에서 찾을 수 있다. 프랭크 마테라의 “교회 생활에서의 성경The Bible in the Life of the Church”, 버나드 맥긴과 수잔 E. 슈라이너의 “성경 말씀대로: 1600년까지의 성경 해석According to the Scriptures: Biblical Interpretation prior to 1600”, 도널드 시니어의 “성경 해석: 교회와 근현대 가톨릭의 성경 쇄신Interpreting the Scriptures: The Church and the Modern Catholic Biblical Renewal”, 그리

고 로널드 위더럽의 "공관복음 입문Introduction to the Synoptic Gospels" 등)

《제롬 성경 주해*JBC*》 초판은 이와 같은 가톨릭 성경 쇄신에서 직접 거둔 성과였다. 초판은 1968년에 출간되었는데, 공의회 폐막(1965년 가을) 후 얼마 지나지 않아서였다. 최초 편집자들 — 레이먼드 브라운, 조셉 피츠마이어, 롤랜드 머피 — 은, 특히 영어권 국가에서 가톨릭 성경 운동을 주도했던 미국 가톨릭 성서학자들의 '황금 세대' 중에서도 중요한 인물이었다. 그들은 각자 비오 12세의 회칙으로 촉발된 격동의 시기에 성서학자의 삶을 시작했으며, 주요 대학들(존스 홉킨스, 미국 가톨릭대학교, 교황청립 성서대학 등)에서 만반의 준비를 했고, 당연히 숱한 책을 썼으며, 존경받는 성서학자가 되었다.

당시 영어권 국가에서 아마도 가장 존경받는 가톨릭 성서학자였을 술피스회 레이먼드 브라운(1928-1998)은 독창적인 발상을 품고 있었다. 그것은 성경 각 권에 대한 포괄적인 주해와 더불어, 가톨릭의 관점에서 성경 본문의 해석과 역사에 관련된 사안들을 조사하는 여러 주제 글을 통해 가톨릭 성서학의 발전상을 입증하려는 시도였다. 브라운은 많은 저서를 쓴 걸출한 두 학자, 조셉 피츠마이어(1920-2016, 예수회)와 롤랜드 머피(1917-2002, 가르멜회)를 초대하여 편집팀으로 함께 일하였고, 그들은 또 다른 가톨릭 학자들을 모았다. 그리하여 이 작품은 삽시간에 가톨릭 신자들뿐 아니라 폭넓은 그리스도교 독자들에게 권위 있는 자원resource으로 자리매김되었다. 후일 《제롬 성경 주해*JBC*》의 탄생을 되돌아보며, 조셉 피츠마이어는 이 책이 로마 가톨릭을 넘어 폭넓은 독자를 위해 만들어졌음을 시사하기 위해 "The *Jerome*

Biblical Commentary"라고 부르자고 제안했다고 밝혔다. 《제롬 성경 주해*JBC*》의 성공으로 교회 생활을 위한 성경 비평 연구의 가치를 입증했으니 이는 한 세대의 학자들과 교회 지도자들이 애쓴 노력의 결과였다.

II. 교회 생활의 새로운 국면

《제롬 성경 주해*JBC*》 초판이 나온 지 50년이 넘은 지금, 가톨릭교회와 가톨릭 성서학은 새로운 국면을 맞이하고 있다. 2009년, 앞선 두 판의 편집자 가운데 유일한 생존자인 조셉 피츠마이어는 후임자들이 "이 책의 새로운 판을 내기 위한 기획을 시작해야 한다"라며 희망을 표현했다. 바로 그 바람이 여기서 착수된 것이다. 성경을 해석하는 데 역사비평 및 문학적 방법이 타당하다는 인식은 확고히 수용되고 있으며, 계시 헌장 〈하느님의 말씀〉(1965)을 시작으로 교회의 공식 문서들에 일관되게 반영되고 있다. 이는 교황청 성서위원회가 작성한 가톨릭 성경 해석에 대한 주요한 문서를 비롯하여, 가장 최근에는 세계주교대의원회의 이후 나온 교황 베네딕토 16세의 권고 〈주님의 말씀*Verbum Domini*〉(2010)에서 계속된다. 역사비평 연구의 정당성을 둘러싼 이전의 투쟁은 잠잠해졌지만, 성경을 교회의 생활과 사고에 완전히 통합하려는 도전은 계속되고 있다. 예를 들어, 프란치스코 교황은 권고 〈복음의 기쁨*Evangelii Gaudium*〉(2013)에서 사제와 부제들에게 성경의 풍요로움을 사용하여 강론에 활력을 불어넣을 것을 상세히 촉구한다(135-159항 참조). 2013년, 미국 주교회의는 강론에 활력을 불어넣기 위한 성경 연구와 성찰의 필요성을 자세히 설명한 〈신앙의 신비를 전하기: 주일 강론*Preaching the Mystery of Faith: The Sunday Homily*〉라는 지침을 발표했다. 교회의 공식 선언과 가톨릭 신학, 윤리학, 영성 등에서 건전한 성서학은 여전히 활용되고 있다.

한편 성서학에서 기본 방법론의 활용이 인정되면서, 성경 해석에 적절한 방법론의 범위가 확장되었다. 성경 해석은 본래의 역사적 맥락이나 성경 저자의 추정된 의도에만 주목하는 것으로는 충분치 않다. 현대 학문은 저술 당시의 역사적 맥락을 넘어 자체의 생명을 지닌 문학 본문들의 역학과 특성을 좀 더 인식하고 있다. 본문과 독자 사이의 핵심적인 관계를 인식하게 되면서, 해석자가 성경 본문을 읽을 때 함께 끌고 들어오는 사회적·정치적·문화적 상황과 추정에 많은 관심을 기울이게 되었다. 예를 들어, 〈성령의 영감〉 발표 50주년을 기념하는 교황청 성서위원회의 1993년 문헌인 〈교회 안의 성서 해석*The Interpretation of the Bible in the Church*〉은 역사비평 방법을 강력하게 지지하는데, 그리하여 반反역사적이고 이데올로기적이어서 받아들일 수 없는 근본주의 접근법으로 사료되는 것과 날카로운 대조를 이룬다. 그러나 이어서 본문은 역사비평을 넘어서는 정당하고 상호 보완적인 다른 접근법들을 인용한다. 예를 들면, '수사학 분석', '내러티브 분석', '기호학 분석', '정경 접근', 그리고 사회학 · 문화인류학 · 심리학 · 해방주의 · 여성주의 방법론을 이용한 접근법들이다.

성경 해석 방법의 다양성은 전 세계에 걸친 교회 자체의 다양성에 대한 더 분명해진 인식을 반영한다. 공의회가 남반구·북미·유럽에서 교회의 성장을 목격한 이래로 다양한 민족과 인종 공동체의 목소리가 더 커지고 있다. 따라서 더 많은 평신도와 더 많은 여성, 다양한 국적의 사람들과 소수자의 목소리를 더욱 많이 대변하며 가톨릭 성서학자들의 앙상블도 점점 다양해졌다. 이 다양한 저자와 방법론의 사용은 《제롬 성경 주해*JBC*》의 새로운 판인 이 책에서 명확하게 나타나며, 또한 이 책을 펴내는 데 중요한 동기가 되었다. 1990년 판에 포함된 저자가 주로 사제와 수도자였던 반면, 새로운 판의 저자 중 거의 절반은 평신도 여성과 남성이다. 이전 판에는 참여한 저자 가운데 여성이 9명이었지만, 이번 판에는 35명이다. 또한 여러 국제 학자들의 대표를 포함하여, 이번 판 저자들의 민족 배경도 극적으로 확장되었다.

III. 왜 가톨릭 자료인가?

현대 성서학에서 눈에 띄는 특징 중 하나는 교회일치적 성격이 짙다는 점이다. 개신교, 정교회, 가톨릭의 간행물은 가톨릭과 개신교의 신학교, 그리고 신학대학에서 성경 교과의 참고 문헌으로 높이 평가된다. 가톨릭과 개신교는 '성서학회Society of Biblical Literature'와 '신약성경학회Society for New Testament Studies'처럼 교파적으로 중립적이고 전문적인 학회뿐만 아니라, 명시적으로 '미국가톨릭성서협회Catholic Biblical Association of America'라고 고백하는 기관에서도 회원 자격을 공유하고 있다. 개신교와 정교회 학자들은 로마 가톨릭 학자들과 함께 협회에서 공식적인 직위를 맡고, 편집 위원회에서 활동하며, 공식 기관지인 〈계간 가톨릭 성경*The Catholic Biblical Quarterly*〉에 기고한다. 이와 같은 현상은 구약성경과 초기 그리스도교의 유다교적 맥락을 이해하는 데 기여하는 글을 쓰는 유다인 학자들뿐 아니라, 신약성경의 해석 자체를 전문으로 연구하는 유다인 학자들이 증가하고 있다는 사실에서도 볼 수 있다.

그렇지만 우리는, 가톨릭 성서학의 산물로서 이러한 주해 자료를 제공하는 일에 여전히 가치가 있다고 믿는다. 이전 두 판에서 우려했던 바는, 이 선택이 혹여 개신교나 유다교의 성서학에 대한 거부나 의심으로 보이지 않을까 하는 것이었다. 오히려 우리는 가톨릭 안팎의 동료들에게 성경 해석에 대한 가톨릭의 접근법을 특징짓는 고유한 관점들을 제공하고자 한다. 이러한 특성 중 상당 부분이 특히 주류 개신교나 정교회와 공유된다 해도, 가톨릭의 성경 해석은 궁극적으로 가톨릭 신앙 공동체에 책임이 있으며, 가톨릭 전례, 영성 그리고 교회론의 특징적이고 본질적인 역할에 대한 관심을 반영해야 한다. 〈하느님의 말씀*Dei Verbum*〉과 제2차 바티칸 공의회에서 정립된 바에 따르면 성경과 성전은 둘이 함께 유일한 하느님의 말씀이 지니는 진리, 아름다움, 힘을 표현한다. 프란치스코 교황이 특별히 옹호한 '대화의 정신'에 따라, 우리가 제공하는 가톨릭 성서학의 이 집합체는 전 세계 가톨릭 공동체뿐만 아니라, 다른 공동체의 그리스도인 형제자매들에게도 자원으로서 기여한다.

IV. 새로운 제롬 성경 주해의 구성 방식

앞에서 말했듯이, 우리는 이 책도 이전의 책들과 마찬가지로 강론과 사목 그리고 영적 묵상에서 성경이 갖는 의미를 많은 사람에게 전해 주기를 바란다. 또한 독자가 성경의 메시지를 밝히는 데 도움이 되는 역사적 배경을 진지하게 알게 되기를 바란다. 게다가 우리는 신뢰할 수 있는 성경 해석의 다양한 방법과 수단에도 주목한다.

따라서 이 단권의 책 안에, 독자들이 이용할 수 있는 다양한 유형의 자료들을 담았다.

1. 성경 각 권에 대한 주해

제목이 가리키듯이, 이 자료집의 핵심은 정경의 순서에 따라 배열된 성경 각 권에 대한 주해이다(성경의 순서는 각 권이 쓰인 연대순과 항상 같지 않을 수 있다. 예를 들면, 마르코복음은 복음서 중 최초로 쓰였다고 여겨지지만, 정경 안에서는 마태오복음 뒤에 위치한다). 저명한 가톨릭 학자들이 성경 각 권을 소개하고, 본문의 순서에 따라 주해를 제공한다. 최신판의 이러한 주해 형식은 이전 판들과는 다소 다르다. 이번 책의 저자들은 성경의 구절 별로 주해를 달기보다는 성경 각 권에서 일관된 단락들을 하나씩 설명함으로써, 그 의미의 흐름을 이해하도록 도와준다. 성경의 한 절이나 단어 또는 구절이 보다 집중된 주해를 요하면, 저자들은 주저 없이 이에 대해 논한다. 각 주해는 성경 각 권의 내용을 짧게 소개하고 추가 연구를 위해 엄선된 참고 문헌을 제시한다.

2. 성경의 주요 부문에 대한 입문

독자에게 성경 주요 부문의 내용과 특성을 정리하여 알려 주는 입문이 마련되어 있다. 구약성경에는 오경, 역사서, 지혜서, 예언서에 대한 입문이 붙어 있다. 마찬가지로 신약성경에는 공관복음서, 요한계 문헌, 서간들, 나머지 신약성경에 대한 개요가 따로 있다.

3. 주제별 논문

새로운 제롬 성경 주해는 성경 본문은 물론 강론과 사목 현장과 영적 묵상에 열려 있는 동시에, 독자가 현대의 학문적 성과의 최고 수준에 부합하는 성경 주해 방법과 절차를 진지하게 익히기를 바란다. 따라서 이 책의 풍부한 특징 중 하나는, 구체적 쟁점을 다룬 22편의 심도 있는 주제별 논문이다. 각 논문은 독자가 성경 자체에 대한 이해와, 교회 생활 안에서 성경이 수용되고 해석된 역사를 깊이 이해할 수 있는 정보를 제공한다. 주제별 논문 중에서 한 부류는 주로 역사적 경향을 띤다. 즉, 이스라엘의 역사, 유다교의 역사, 역사적 맥락에서 예수의 역사, 초대 교회 출현의 역사와 함께, 구약성경과 신약성경의 고고학에 대해 살펴본다.

또 다른 부류는 수 세기에 걸친 성경 해석의 역사를 다룬다. 먼저 성경의 의미를 탐구하는 다양한 전통적 방법을 추적하는데 초대 교회, 교부 및 중세 시대에 이어, 계몽주의와 종교 개혁의 영향에 대해 다룬다. 또 다른 글들은 종교 개혁에 대한 가톨릭교회의 대응과 근대 역사적 접근 방식의 성경 해석에 대해 교회가 초반에 지녔던 경계심 그리고 20세기 중반 이후에 이루어진 주목할 만한 가톨릭 성경의 쇄신, 특히 제2차 바티칸 공의회의 개혁과 그것이 성경의 해석과 영감의 개념에 끼친 영향을 다룬다.

마지막 부류는, 현대 가톨릭시즘Catholicism과 성경의 관계에서 나타나는 새로운 경향을 다루는 글들이다. 여기에는 여성주의, 문학 및 맥락적 접근과 같은 새로운 방법론의 발전이 포함된다. 다른 글들은 교회 전례, 영성, 그리스도인 삶의 실천에서 성경이 맡는 역할뿐만 아니라, 사회 정의와 윤리 문제, 교회일치 운동과 종교 간 대화에서 성경이 가지는 중요성을 살펴본다. 독자들은 일련의 주제별 논문들을 통해 특별한 자료들을 하나의 표지 안에 모두 모은, 신뢰할 수 있고 접근하기 쉬운, 가톨릭 관점으로 구성된 성경 정보의 '도서관'을 발견할 것이다.

4. 번역

이 책의 저자들이 주로 사용한 성경 번역본은 미국가톨릭주교회의의 후원으로 2010년에 완성된 《새 미국 성경 개정판*New American Bible Revised Edition*, 약어 *NABRE*》이다. 이 번역본은 전례, 교리 교육, 대중 신심에서 로마 가톨릭 신자들이 널리 사용할 뿐만 아니라, 영어 번역의 우수함도 인정받았기 때문에 선택되었다. 모든 번역은 비록 아무리 훌륭하다 하더라도, 현대 영어 용법의 발달에 따라 끊임없이 적응해가는 '진행 중인 작업'이다. 《새 미국 성경*New American Bible*》은 수십 년에 걸쳐 여러 차례 개정되었고, 사실 또 다른 개정 — 특히 전례 맥락에 맞게 사용하기 위한 개정 — 이 진행 중이다. 우리 편집자들은 최종판이 완성되어 이에 필요한 교회의 검토와 승인이 통과될 때까지 기다리는 대신, 현재 판 *NABRE*로 작업을 추진하더라도 작업상 부족함은 거의 없으리라고 판단했다.

번역에 논의의 여지가 있는 구절을 주석할 때, 저자는 히브리어나 그리스어 본문의 의미를 이해하기에 더 적절하다고 생각하는 단어를 선택하여 제안하였다. 종종 이런 토론은, 독자가 성경 구절에서 그 의미의 뉘앙스를 풍부하게 느끼게 한다.

편집자와 출판사는 *NABRE*의 사용을 허가해 준 주교회의에 감사한다.

5. 보조 자료들과 업데이트

마지막으로, 각 주제별 논문과 일부 주석들에는 성경 구절이나 사안을 이해하는 데 도움이 되는 다른 자료를 찾을 수 있도록 상호 참조를 붙일 계획이다.

'제롬 성경 주해'의 역사 최초로, 이 새로운 판은 인쇄와 디지털의 두 가지 방식으로 출간되었다. 표준 인쇄판과 함께, 출판사는 가톨릭 사상 Catholic Thought 디지털 도서관의 일환으로, 온라인 버전을 온전하게 제공한다. 이러한 디지털 방식은 시간이 지나면서 필요해질 참고 문헌들의 업데이트와 주석 및 주제 글의 개정을 제공하는 수단이 될 것이다. 앞으로 수년간 이 특별한 자료의 가치를 확장하고, 가능한 한 많은 맥락에서 광범위하게 사용할 수 있도록 지원할 것이다.

마지막으로, 편집자들은 이 기념비적인 과업을 맡은 블룸즈버리 퍼블리싱Bloomsbury Publishing의 용기와 인내에 감사를 표하고자 한다. 특히 블룸즈버리의 편집장인 도미닉 매토스Dominic Mattos에게 고마움을 전한다. 그는 우리 모두가 이 모험에 참여하도록 설득했고, 이 일이 완성될 때까지 변함없이 인도자가 되어 주었다. 출판 준비가 되었을 때 이 산더미 같은 원고를 무대로 가져오는 대단한 작업을 한 블룸즈버리의 제작 편집자 제시카 앤더슨Jessica Anderson과 그녀의 팀에게도 특별한 감사를 드린다. 그리고 물론, 이 책에 기고하기로 선뜻 동의하고, 놀라울 만큼 충실하게 원고를 제시간에 제출해 준 너그러운 학자들에게도 감사를 전한다. 그들의 탁월한 작품 덕분에 이 책은 하느님의 말씀을 연구하는 데 적합한 자산이 되었다.

또한 산더미 같은 원고의 검토가 필요한 이 가톨릭 학문의 저작에 대한 출판 인가가 신속하게 나오도록 처리해 준 시카고대교구와 교구장, 다니엘 웰터Daniel Welter 부제와 그의 동료들에게도 감사를 전한다. 1968년 최초의 제롬 성경 주해의 창안자이자 공동 편집자인 레이먼드 브라운은, 교도권을 존중하는 표시로 교회의 인가를 얻는 것을 자신이 내는 모든 출판물의 특징으로 삼았다. 우리는 완전히 새로워진 이 제롬 성경 주해에도 그 전통을 이어가는 것이 적절하다고 생각했다.

이 프로젝트는 호르헤 마리오 베르골리오Jorge Mario Bergoglio 추기경이 로마 가톨릭교회의 제266대 교황인 프란치스코 교황Pope Francis으로 선출된 직후에 시작되었다. 그가 교회의 특별한 지도자가 되리라는 것은 처음부터 분명했다. 교황직을 맡은 첫 라틴아메리카인이고, 예수회 출신의 첫 교황이며, 가난한 이를 위한 헌신이라는 명백한 의미를 지닌 '프란치스코'라는 이름을 선택한 첫 번째 사람이기 때문이다. 또한 프란치스코 교황에게서는 성경을 향한 그의 열렬한 사랑이 분명하게 드러난다. 교황의 모든 담론, 모든 강론, 모든 기도가 성경의 언어와 정신에 흠뻑 젖어 있다. 그의 첫 번째 권고 〈복음의 기쁨〉은 성경의 정신으로 가득 차 있고, 사제와 부제들이 성경을 연구하고 사랑하여 강론을 새롭게 하도록 권고하는 데 긴 부분을 할애한다. 프란치스코 교황이 연중 제3주일을, 그리스도인들이 '삶에 하느님의 말씀을 위한 자리를 마련하는' 시간이 되도록 "하느님의 말씀 주일"로 봉헌한 것은 놀라운 일이 아니다.

우리는 이 책을 통해 독자들이 정신과 마음과 삶에 성경을 위한 '자리를 마련'하기를 바란다. 우리는 이 저작을 프란치스코 교황과 그의 말씀 사도직에 바친다. 또 프란치스코 교황의 허락으로, 성경의 아름다움과 힘에 대한 그의 성찰을 이 새로운 《21세기 제롬 성경 주해》의 서문으로 내놓을 수 있어 기쁘고 영광스럽다.

존 콜린스John J. Collins
지나 헨즈 피아자Gina Hens Piazza
바바라 레이드Barbara E. Reid, O.P.
도널드 시니어Donald Senior, C.P.

처음부터 말씀은 하느님과 함께 계셨으며 하느님께서 낳으신 유일한 아드님이시며, 하느님이셨다고 요한복음 1장이 증언합니다. 성부께서는 말씀이신 성자를 사랑하셨고, 말씀을 통해 세상 만물과 인간을 창조하셨으며, 말씀은 피조물에게 하느님의 사랑을 알려 주셨습니다. 그 사랑의 이야기가 고스란히 담긴 책이 바로 성경입니다.

교회는 성경 말씀으로 마음이 뜨거워져 성령께 의탁하고, 마음에 모신 말씀을 성찬례로 거행하며 성부를 찬양합니다(루카 24,13-32 참조). 말씀을 거행하면서 그리스도인은 동반자 성령께서 늘 함께 계심을 느끼고 부활하신 성자를 통하여 하느님께서 살아 계심을 알며 그 진리와 사랑을 이웃에게 증언합니다.

이 모든 것은 성경을 통해 하느님 말씀을 기억하는 일로 시작합니다. 가장 먼저 할 일은 성경을 들어 펼치고 읽고 이해하는 것입니다. 그러나 성경과 우리 사이에는 시간, 공간, 문화, 언어의 커다란 격차가 존재하며, 이 때문에 성경 본문의 일차적인 뜻을 올바로 알아듣기가 쉽지 않습니다. 그래서 좋은 성경 주해서가 필요한 것입니다.

《제롬 성경 주해》는 제2차 바티칸 공의회 직후 출판된 성경 주해서의 표준이라 할 수 있습니다. 1968년에 처음 출판된 뒤 1990년에 개정 신판이 나왔고 2022년에 전면 개정판이 출간되었는데, 이 최신판을 같은 해 50주년 희년을 맞이한 '가톨릭성서모임'과 2023년 창사 50주년을 맞은 '성서와함께'가 희년 기념 도서로 선정하여 번역·출판하기로 했다는 소식을 듣고 무척 기뻤습니다.

하느님 말씀에 대한 교우들의 열정은 날로 높아 감에도, 성경 전체를 체계적으로 주해한 책이 아직 우리 한국천주교회에서 나오지 못하고 있는 실정이 아쉬운 터였는데, 이렇게 좋은 성경 주해서의 번역판이 나오는 것은 참으로 환영할 일입니다.

이 책은 성경을 통독하고 공부하고 강론을 준비하는 분들에게 최적의 성경 주해서가 될 것입니다. 많은 분이 성경 본문을 합당하게 이해하여 지금 여기 살아 계신 하느님을 뵙고 증언하기를 기도합니다.

한국천주교주교회의 성서위원장
신호철 주교

한국어판 여는 말

성경 주해는 성경 본문이 쓰이던 시대에 이미 시작되었다. 이스라엘의 예언자들은 자주 모세의 율법을 들어 백성을 깨우치려 노력하였다. 예수님도 구약성경의 풍부한 구절들을 예로 들어 가르쳐 주셨고, 바리사이파 등의 한계와 오류를 바로잡아 주셨다. 이렇게 성경 본문을 다른 본문과 대조하고 인간의 이성과 지혜에 빗대어 깊이 탐구하는 유구한 전승은 하느님 백성의 시작부터 있었다.

《제롬 성경 주해》는 성경의 이해를 돕는 근대적이고 독보적인 참고서라고 할 수 있다. 이 주해서는 가톨릭교회의 성경 해석 전통을 이으며, 그리스도인 전체와 성경에 관심을 두는 모든 인류를 향해 열려 있다. 이 주해서의 성경 해석에는 방법론적 제약이 없다. 신앙과 이성과 자유는 하느님이 주신 큰 선물이기에 성경을 해석하는 도구로서 충분히 사용되어야 한다는 믿음 때문이다. 이는 제2차 바티칸 공의회의 가르침과 일치하는 것이기도 하다.

《21세기 제롬 성경 주해》는 여러모로 성경 그 자체를 닮았다. 우선 서로 관점과 개성이 뚜렷한 책들의 모음집이라는 점이 그러하다. 하느님 백성의 선포, 묵상, 창의적 설교, 공부 등에 실질적인 도움을 주되, 지나치게 주관적인 내면에 갇혀 버리는 일부의 그릇된 태도와 거리를 둔다는 점도 그렇다. 최신의 학문적 성과를 반영하되 건조한 학술적 개념어의 나열을 지양하고, 오직 하느님의 말씀이 지닌 진리와 아름다움과 힘을 하느님 백성에게 드러내려는 영성으로 충만하다는 점도 그렇다.

이 주해서의 번역이 한국의 신학을 한 단계 도약시킬 계기가 되길 소망한다. 제2차 바티칸 공의회와 함께 시작하여 1968년에 세상에 선을 보인 《제롬 성경 주해*JBC*》와 전면 개정판인 1990년의 《새 제롬 성경 주해*NJBC*》는 아쉽게도 우리말로 번역되지 못하였다. 하지만 21세기를 맞아 완전히 새로운 기획과 구성에 기반한 2022년의 《21세기를 위한 제롬 성경 주해*Jerome21C: The Jerome Biblical Commentary for the Twenty-First Century*》는 다행히 온전히 한국어로 번역할 수 있어 기쁘다. 또한 최초로 교황님의 서문이 실려 권위를 더한 **이 책을 세계에서 가장 빨리 번역·출판한다는 사실은 더욱 뜻깊다.** 남녀 평신도, 수도자, 사제가 한 마음으로 협력하여 번역하는 것은 시노달리타스의 시대에 적절한 일이며 이 주해서의 기본 성격과도 일치한다. 한국어 번역본을 낱권으로 나누어 내기로 한 것은 '늘 가까이 두고vade mecum' 참고할 수 있세 하려는 이 주해서 본래의 목적을 한국적 상황에 충실하게 실현하려는 의도 때문이다.

주교회의 성서위원회 등 교회 안팎에서 너그러운 마음으로 협조해 주신 많은 분 덕분에 이 거대한 사업을 진행할 수 있다. 바쁘신 중에도 적극적으로 참여해 주시는 모든 역자에게 깊은 감사의 말씀을 드린다. 특히 한국 출판 현실에서도 수도회 성서사도직의 희년을 기념하며 큰 용기와 결단을 내려 주신 '영원한 도움의 성모 수도회'와 '성서와함께' 출판 일꾼들, 그리고 이들을 받쳐 주시는 '가톨릭성서모임' 말씀의 봉사자들이 없었더라면 이 사업을 실행에 옮길 수 없었을 것이다. 이 모든 일을 이끌어 주시는 성경의 하느님께 가장 큰 감사의 말씀을 올린다.

21세기 제롬 성경 주해 번역·출판 위원장
주원준 토마스 아퀴나스

일러두기

1. 원서에서 주로 사용하는 번역본은 《새 미국 성경 개정판*NABRE*》인데, 이 책에서는 의미의 차이가 크지 않은 한 한국 천주교회 공용 번역본인 《성경》(2005)으로 옮긴다. 의미가 다른 경우는 원문을 옮긴 뒤 그 차이를 '역자주'로 밝히며, 다른 번역본을 사용한 경우는 그대로 옮긴다. 단, "주", "주님" 또는 하느님으로 옮겨진 히브리어 "야훼"는 주해서의 성격상 그대로 "야훼"로 옮긴다.

2. 성경 각 권의 순서와 약어, 성경 구절의 줄임 표기는 모두 한국 천주교회 공용 번역본의 사용 예를 따른다. 보기) 창세 1,1-2,4ㄱ: 창세기 1장 1절부터 2장 4절 전반부까지

3. 우리말 표기는 정부의 어문 규정인 '한글 맞춤법', '표준어 규정', '외래어 표기법'을 따른다. 단, 성경과 교회, 신학 관련 용어는 한국 천주교회 《성경》과 《주석 성경》의 표기를 우선으로 하되 《가톨릭 교회 교리서》 등과 관용 표현을 참고한다. 단, 인명, 지명, 신명 등은 한국고대근동학회(KANES)의 표기를 따르기에 《성경》과 다를 수 있다.

4. 교부들은 《교부학 인명 지명 용례집》을 따르고, 그 밖의 교회 인물은 《천주교 용어집》(2017 개정 증보판)을 따른다. 교회 문헌은 처음 나올 경우 한글과 원어를 병기한다.

5. 본문에 굵게 표시한 글자는 지은이가 강조한 부분이다.

6. 단위에 대한 도량형의 기준은 한국 천주교회 《성경》 부록 도량형을 참고한다.

약어

ARM	Archives Royales de Mari
LH	Laws of Hammurabi
MAL	Middle Assyrian Laws
1QM	Qumran Cave 1 / *Milkamah*(War Scroll)
1QS	Qumran Cave 1 / *Serekh ha-Yaḥad*(The Rule of the Community)
1QSa	Qumran Cave 1 / The Rule of the Congregation
4QSama	Qumran Cave 4 / 4QSamuel[a] or 4Q51
4Q175	Qumran Cave 4 / The Testimonia

차례

서문 004

여는 말 008

추천의 말 022

한국어판 여는 말 024

일러두기 | 약어 027

민수기 입문

책의 이름 039

문학적 특징 040

편집사 044

연대 048

개요 048

민수기 주해

시나이에서 약속의 땅으로 이동 준비 1,1-10,10 051

거룩한 공간의 유지 1,1-6,27 051

열두 지파의 인구조사와 배치 1,1-2,34 053

레위인들의 인구조사와 배치 3,1-4,49 056

진영 밖에서 삶과 죽음의 현실을 조정함 5,1-6,27 059

시나이를 떠나기 전에 성막 봉헌을 마침 7,1-10,10 064

열두 지파가 성막과 제단에 예물을 봉헌함 7,1-89 065

등잔대 8,1-4 067

레위인들의 봉헌식 8,5-26 067

야훼의 때에 복종함 9,1-10,10 068

광야를 거쳐 요르단강 동쪽으로 이동 10,11-21,35 071

시나이에서 출발 10,11-28 072

광야의 길잡이와 하느님의 인도 10,29-36 073

타브에라에서 백성이 불만을 품고 부당하게 불평함 11,1-3 074

빈역과 권한 위임 11,4-35 074

모세의 예언자적 지도권을 하느님께서 옳다고 하심 12,1-16 077

정찰대의 보고와 약속의 땅 점령 실패 13,1-14,45 079

약속의 땅에서 살면서 지켜야 할 법규들 15,1-41 085

모세와 아론에 대한 반역 16,1-17,15 088

아론의 지팡이 17,16-26 092

사제와 레위인의 직무와 특권 17,27-18,32 092

주검 때문에 부정하게 되었을 때 정화하는 법 19,1-22 094
카데스에서 모압 벌판으로 20,1-21,35 096
모압 벌판에서 약속의 땅으로 이동 준비 22,1-36,13 102
발라암 이야기 22,1-24,25 102
바알 프오르에서 저질러진 우상숭배 25,1-18 107
두 번째 인구조사 25,19-26,65 108
츨롭핫의 딸들의 땅 상속 27,1-11; 36,1-12 110
여호수아의 승계 27,12-23 111
정해진 때에 바치는 제물들 28,1-29,39 111
자발적으로 하는 서원과 서약 30,1-17 113
미디안과 전쟁 31,1-54 114
가드 지파와 르우벤 지파가 제시한 중재안 32,1-42 116
탈출 1세대의 이동 기록 33,1-56 117
가나안 땅의 경계 34,1-29 119
레위인들의 성읍과 도피 성읍 35,1-34 119
맺음말 36,13 121

참고 문헌 122

신명기 입문

저술 배경, 신학적 주제 127

개요 133

신명기 주해

모세에 관한 전승 1,1-4,43 139

머리말 1,1-5 140

땅의 수여 1,6-8 140

우두머리 임명 1,9-18 141

광야 세대에 대한 심판 1,19-2,1 141

땅의 수여 2,2-3,22 142

모세에 대한 심판 3,23-29 142

지침 4,1-43 143

오직 야훼 4,1-40 143

도피 성읍 4,41-43 144

야훼와 이스라엘의 계약 4,44-31,29 145

머리말 4,44-49 145

계약 자격 5,1-6 146

계약 규정 5,7-25,19 147

십계명 5,7-21 147

야훼의 백성으로 살기 시작함 5,23-33 153

지침 6,4-11,30 154

오직 야훼 6,4-25 154

이민족 7,1-26 155

주님의 은혜 8,1-20 156

광야 세대에 대한 심판 9,1-10,11 157

야훼와 이스라엘의 계약 10,12-11,30 158

신명기 법전 11,31-25,19 161

표제 11,31-12,1 162

성소 12,2-28 163

우상숭배 12,29-13,19 164

장례 풍습 14,1-2 165

음식 14,3-21 165

십일조 14,22-29 167

빚 탕감 15,1-18 168

맏배 15,19-23 168

순례 16,1-17 169

판관 16,18-17,13 170

임금 17,14-20 170

레위 집안 18,1-8 172
예언자 18,9-22 172
도피 성읍 19,1-13 174
경계 존중 19,14 174
거짓 증언 19,15-21 175
전쟁 20,1-9 175
이방인들의 성읍 20,10-20 176
증인의 부재 21,1-9 177
여성 포로 21,10-14 177
상속인 지정 21,15-17 178
상속 권리 종료 21,18-21 178
사형수의 매장 21,22-23 179
농사와 제조업 22,1-12 179
시기 22,13-21 181
강간 22,22-23,1 182
이스라엘 회중이 될 자격 23,2-9 182
진영의 청결 23,10-15 183
피신해 온 종 23,16-17 184
신전 매음 23,18-19 186
이자 23,20-21 186

서원 23,22-24 187

남의 포도나 곡식 채집 23,25-26 188

이혼과 재혼 24,1-4 188

혼인과 병역 면제 24,5 189

담보물 24,6 190

납치 24,7 191

악성 피부병 24,8-9 191

품팔이꾼 24,10-16 192

과부 24,17-22 194

매질 25,1-3 194

보상 25,4 195

법적 보호자 권리의 종료 25,5-10 196

싸움 25,11-12 198

도량형 25,13-16 199

환대 25,17-19 199

계약의 역사 26,1-15 201

계약 선포 26,16-27,10 201

계약의 저주와 축복 27,11-28,68 202

계약의 증인 29,1-31,29 205

모세에 관한 전승 31,30–34,12 206

모세의 노래 31,30-32,52 206

모세의 축복 33,1-29 209

모세의 죽음 34,1-12 209

맺음말 212

감사의 말 214

참고 문헌 215

옮긴이의 말 216

민수기 입문

데일 론더빌 O.S.B. 지음

책의 이름

민수기는 이스라엘이 하느님의 인도 아래 시나이산에서 약속의 땅 끝자락까지 이동한 여정을 들려준다. 이 책에는 목록이나 이동 일정이 자주 나오는데, 아마도 이 때문에 칠십인역은 '아리스모이*arithmoi*', 곧 '숫자들'이라는 제목을 붙였을 것이다. 인구조사와 지파 목록은 이 여정이 공동체를 조직하고 정체성을 확립하는 시기임을 일러 준다. '광야로' 이동한다는 의미는 히브리어 제목인 '버미드바르*bĕmidbar*'(역자주: 직역하면 1,1에 나오는 "광야에서")에 담겨 있다. 탈출기와 레위기에 기록된 내용에 따르면 시나이에서 게시된 율법은 이스라엘 백성을 위한 주요 지침이다. 하지만 그것을 실천에 옮길 때에 어려움이 따르는 만큼 상세한 설명이 필요하다. 삶과 죽음의 경계가 맞닿아 있는 광야는 이스라엘 백성에게 야훼*YHWH*를 철저하게 신뢰하도록 요구한다. 이러한 신뢰는 앞으로 약속의 땅에서 직면할 유혹을 극복할 수 있도록 그들을 준비시킨다.

문학적 특징

이스라엘 백성은 시나이에서 약속의 땅까지 곧장 이동하지 못하고 그 길에서 벗어나 광야에서 40년간 방랑한다. 이러한 집단적 지리 이동은 세 단계로 나뉜다. (1) 1,1-10,10: 시나이에서 약속의 땅으로 출발하기 전, 떠날 준비를 한다. (2) 10,11-21,35: 광야를 지나 요르단강 건너편으로 이동한다. (3) 22,1-36,13: 모압 벌판에서 약속의 땅으로 이동을 준비한다. 1,20-46과 26,1-51에 있는 인구조사 명단은 하느님께서 조상에게 하신 약속을 믿는 것이 어떻게 공동체의 규모와 생명력을 키울 수 있는지, 불신이 어떻게 그 반대의 결과를 가져오는지를 가늠하게 한다. 이집트 탈출 세대의 내면에는 이집트로 돌아가고자 하는 욕망이 자리했고, 이러한 불신이 그들을 죽음으로 몰고 갔다(14,1-4). 칼렙과 여호수아가 증언하듯이, 야훼를 신뢰하겠다는 결단은 변화 가운데에서도 안정된 미래를 누리게 한다.

민수기에는 연대를 알 수 있는 표시는 많지 않다. 민수 1,1에서 이스라엘이 이집트를 탈출한 둘째 해 둘째 달 초하룻날에 야훼는 시나이산 만남의 천막에서 모세에게 지시를 내리신다. 민수 10,11에서는 그로부터 19일 뒤에 성막 위에 있는 하느님의 구름이 이스라엘 백성을 인도하여 시나이산에서 시나이반도 북동쪽에 있는 파란 광야로 가는 여정의 첫 단계를 시작하게 했다고 나온다. 이스라엘 백성은 탈출 뒤 첫째 해 셋째 달 초하룻날에 시나이산에 도착했고(탈출 19,1), 그곳에서 11개월을 머물렀다. 이 밖에 민수기에서 연대를 나타내는 표지는 (1) 정찰 활동이 40일간 지속되었다는 13,25의 언급 (2)광야에서 40년간 방랑했다는 14,33-34과 32,13의 언급 (3) 둘째 해 첫째 달 초하룻날에 모세가 성막과 관련 기물을 성별했다는 7,1의 언급이다. 이는 탈출 40,2을 떠올리게 한다. 이동을 준비하는 과정이 담긴 민수 1,1-10,10 이후에는 순차적 시간의 흐름이 점차 배경으로 사라진다. 이스라엘 백성은 굽이굽이 돌아가는 여정을 통해 약속의 땅으로 서서히 다가간다.

민수기에서 가장 의미 있는 시간 표시는 40년으로, 이는 한 세대에서 다음 세대로 넘어가는 긴 세월이다. 이스라엘 백성이 광야에서 겪는 갈등은 약속의 땅에서 맞서 싸울 어려움을 미리 보여 준다. 탈출 세대는 야훼의 탈출 계획을 거부한 탓에 광야에서 죽지만, 다음 세대는 부모의 잘못에서 배워 약속의 땅에 들어갈 기회를 얻는다.

민수기의 두 가지 주요 장르는 목록과 이동 기록이다. 민수 1장의 인구조사 명단은 이스라엘이 약속의 땅을 정복하기 위해 상당한 병력을 보유했음을 보여 준다. 26장의 명단은 이스라엘이 각 지파의 규모에 따라 땅을 어떻게 분배해야 하는지를 제시한다. 숫자 '12'는 인구조사 명단만이 아니라 (1) 모세의 조력자 명단(1,4-15) (2) 만남의 천막 주변에 자리 잡을 지파들의 위치 지정(2,1-33) (3) 지파들의 행진 순서(10,13-28) (4) 성막 봉헌 때 각 지파가 바친 예물 목록(7,1-88) (5) 정찰대원 명단(13,4-15)에서도 중요한 역할을 한다. 다만 34,19-28에 있는 요르단강 서쪽 땅 분배에서 도움을 줄 사람들의 명단에는 열 사람의 이름만 나온다. 가드 지파와 르우벤 지파는 요르단강 동쪽에 정착하게 해 달라고 요청했기 때문이다(32,1-38). 17,16-26에서는 지파 수장들의 지팡이 12개를 아론의 지팡이와 함께 만남의 천막 안에 놓아 주님께서 선택하신 사람이 누구인지 알아보게 한다. 3,14-20과 4,1-49에 있는 레위인들의 인구조사는 레위인들에게 따로 맡길 임무를 특정하기 위한 것이다. 레위인들은 십일조(18,21-24)와 거주할 성읍 48곳(35,1-8)을 보상으로 받는다. 33장에 있는 이동 기록은 이집트에서 모압 벌판에 이르는 여정을 세 단계로 요약한다. (1) 이집트에서 시나이로 이동 (2) 시나이에서 카데스로 이동 (3) 카데스에서 모압 벌판으로 이동.

민수기를 공시적 차원에서 하나의 완결된 문학 작품처럼 읽을 때, 민수기가 다양한 종류의 단편과 장르를 무질서하게 모아 둔 작품이라는 일반적인 평가에 반하는 의도된 계획을 접하게 된다. 1,1-10,10은 양면성을 지닌다. 여기에 실린 율법과 내러티브는 한편으로는 시나이 입법을 회고하고, 다른 한편으로는 약속의 땅에서 펼쳐질 삶을 내다본다. 만남의 천막 주변에 레위인들과 열두 지파가 친 진은 하느님 현존을 존중하는 동시에 성聖과 속俗의 경계를 보호한다(2,1-34; 3,11-39; 4,1-33). 각 지파의 예물 봉헌(7,1-88)은 탈출 40장과 레위 8-9장에서 시작한 성막 봉헌을 완결한다. 은銀 나팔은 공동체에 전쟁 위험을 알리고 이스라엘 백성의 장엄한 집회를 소집하는 역할을 한다(민수 10,1-10). 그리고 조상들과 맺은 시나이 계약을 비롯하여 구원하고 보호하는 야훼의 현존 약속(레위 26,42.45)으로 주의를 되돌리며, 앞으로 약속의 땅에서 절기에 따라 바쳐야 할 제물도 환기시킨다(민수 28,1-29,11). 부정한 사람의 처리(5,1-4)와 잘못에 대한 배상(5,5-10), 간통(5,11-31), 나지르인의 서원(6,1-21), 사제의 축복(6,22-27), 파스카 축제 기념(9,1-14)을 다룬 내러티브는 시나이 계약을 보충하고 약속의 땅에서 일어날 사건들에 대한 지침을 제시한다.

민수 10,11-22,1에서 목표는 약속의 땅을 차지하는 것이다. 이집트라는 '외부에서 오는 위협'은 이스라엘 백성의 부족한 신앙과 반항하는 태도라는 '내부에서 오는 위협'과 짝을 이룬다. 탈출 15,22-18,27에 나오는 시나이에 도착하기 전까지의 광야 이야기는 민수 10,11-21,35에 나오는 시나이를 떠난 후에 펼쳐진 광야 이야기와 짝을 이룬다. 두 이야기에 공통된 모티프와 특징은 다음과 같다. 만나와 메추라기(탈출 16,4-36; 민수 11,4-15.31-35), 지도력과 권위(탈출 18,13-27; 20,18-21; 민수 11,16-30; 12,1-9), 모세의 장인(탈출 18,1-12; 민수 10,29), 모세의 아내(탈출 2,21; 4,24-26; 18,2; 민수 12,1-2), 미르얌(탈출 15,20-21; 민수 12,1-15; 20,1), 아말렉족(탈출 17,8-16; 민수 13,29; 14,25.43.45). 민수 13-14장은 탈출 32-34장과 다음과 같은 순서로 짝을 이룬다. 절망(탈출 32,1-2; 민수 13,28-29; 14,1-4), 하느님의 징벌(탈출 32,9.33; 33,2-4; 민수 14,12.21-23.28-37), 하느님의 자비(탈출 32,9-14; 민수 14,18), 모세의 중재(탈출 32,9-14; 민수 14,13-19), 하느님의 현존(탈출 33,9-11.18-23; 민수 14,10; Zenger and Frevel 2008: 58).

민수 22,2-36,13은 이스라엘 백성이 모압 벌판에 도착하고, 반항하던 이집트 탈출 세대가 죽고, 새로운 세대가 약속의 땅에서 펼쳐질 삶을 준비하는 이야기를 들려준다. 이 부분은 땅을 차지하면서 맞닥뜨리는 내외적 어려움에 초점을 맞춘다. 에돔인들(20,14-21)과 가나안인들(21,1-3), 모압인들(22-24장)의 적대감은 이스라엘 백성이 그들의 거주지에 위협이 된다는 점에서 이해할 수 있다. 하지만 놀랍게도 22,4과 25,6-16에서는 미디안인들이 적으로 등장한다. 25,8-9에 언급된 재난으로 탈출 세대의 나머지 사람들(모세 제외)이 죽은 뒤에, 26,1-36,13의 상당 부분은 이스라엘 백성이 약속의 땅을 차지하게 되었을 때 상속 재산을 공정하게 분배하는 문제를 다룬다. 26,1-56은 지파 내에 씨족들에게 재산을 동등하게 분배해야 함을 강조한다. 하지만 이어서 레위인들의 특별한 지위(26,57-65; 참조 35,1-8), 즐롭핫의 딸들의 상속 문제(27,1-11; 36,1-13), 요르단강 서쪽이 아니라 동쪽에 정착하게 해 달라는 두 지파와 다른 반쪽 지파의 요청(32,1-38)에 주의를 기울인다. 이런 자료들에 제물 봉헌 달력(28,1-29,39), 이집트에서 모압 벌판에 이르는 여정의 재확인(33,1-49), 페니키아와 필리스티아, 그리고 요르단강 동쪽 아르논 북쪽 땅을 포함한 가나안 땅의 알맞은 경계를 나누는 지도(34,1-15)와 같은 요약 목록이 나란히 놓인다. 그렇게 하여 엘아자르 사제에게 자문을 구해야 하는 여호수아의 지도 아래(27,18-21) 이스라엘 백성이 약속의 땅에서 살아갈 모습을 그려 보인다.

편집사

민수기는 하나의 통일된 작품으로 볼 수 있지만, 성경에 함께 수록된 다른 작품들과도 연결된다. 공시적 차원에서 볼 때, 이집트 탈출에서 약속의 땅까지 나아가는 내러티브는 탈출기, 레위기, 민수기를 오경

안에서 하나로 묶는다. 그래서 오경이 3개의 두루마리, 곧 창세기 두루마리와 신명기 두루마리, 그리고 탈출기와 레위기와 민수기가 담긴 또 하나의 두루마리에 쓰였다고 주장할 수 있다(Zenger and Frevel 2008: 36-37). 신명 1,9-3,29은 민수 11-25장에 실린 이야기를 대부분 다시 들려준다.

통시적 차원에서는 오경에 속하는 책들 사이에 연속성이 있다는 주장이 줄곧 제기되어 왔다. 이는 문헌 가설이 주장하듯이 이 다섯 권의 바탕을 이루는 기본 출전들이 있다는 견해에 근거한다. 어느 부분이 사제계 문헌(P)에 속하고 어느 부분이 비사제계 문헌(non-P)에 속하는지를 두고 이제는 학자들 사이에 상당한 수준의 합의에 이르렀다. 전통적으로 신명기계(D) 출전은 신명기에만 있는 것으로 여겨졌지만, 신명기계 출전이 미친 영향은 오경의 나머지 네 권에서 분명하게 확인된다(예를 들어 탈출 13,1-16; 34,10-13).

사제계 전승의 난제는 유배 이전부터 기원전 4세기 후반까지 이 문서가 어떤 과정을 거쳐 형성되었지를 밝히는 것이다. 사제계 문헌을 독립된 출전으로 본다면, 어느 부분이 사제계 본문의 원형(Pg)이고 어느 부분이 그것에 추가된 보충 본문(Ps 등)인지를 구별해야 한다. 이와 달리 사제계 문헌을 편집물로 본다면, 그 안에 어떤 원천 자료들이 있는지를 확인하는 문제는 제쳐 두고 어느 부분이 단편들이나 첨가 내용들이고 그것들이 편집 과정에서 어떻게 책에 포함되었는지를 탐구해야 한다.

일부 학자들은 사제계 전승을 상당한 수준으로 재구성한 뒤에 사제계 원문헌(Pg)이 탈출 40장이나 레위 8-9장 또는 16장에서 끝난다고 주장한다. 이런 견해는 민수기에 있는 사제계 자료와 창세기-탈출기-레위기에 있는 자료 사이에 연속성이 부족하다고 보기 때문에 민수기에 있는 사제계 구절들을 사제계 원문헌(Pg)에 함께 넣을 수 있다는 주장도 받아들이지 않는다. 따라서 민수기에 있는 사제계 자료는 후기사제계와 후기신명기계 자료로 여겨진다. 이러한 사제계 자료들이 이집트 탈출에서 가나안 정복까지 이어지는 내러티브를 뒷받침한다면, 그것은 아헨바흐Achenbach(2003: 116-19)가 육경 편집HexRed이라고 명명한 것에 속한다. 아헨바흐는 육경 편집이 기원전 5세기 전반에 있었다고 본다. 이 편집자는 이방인이나 이주민이 환영받는 땅을 얻는 것을 강조하는 비사제계 본문을 한데 모은다. 헌신적인 개종자가 반항하는 이스라엘 백성보다 더 높이 평가된다(Christian 2008: 581-582). 하지만 전체 내러티브가 가나안 정복 전에 끝나고 처음 다섯 권에서는 땅의 차지가 아니라 율법Torah에 중점을 둔다는 견해에 이 사제계 자료들이 어긋나지 않는다면, 이는 기원전 5세기 후반에 있었던 오경 편집PentRed에 속한다. 뢰머Römer(2007: 436, 445)는 하나의 작품에 육경 편집과 오경 편집이라는 두 차례의 전면적 편집이 있었다는 아헨바흐의 가설에 의문을 제기한다. 대신 민수 27-36장을 분석하면서, 연속적 보충이라는 노트Noth의 견해에 더 가까운 입장을 보인다. 뢰머는 민수 27-36장에 있는 본문 대부분이 후기사제계에 속하며 잇따라 추가되었다고 주장한다.

비사제계 문헌이라는 말은 사제계에도 신명기계에도 속하지 않는 자료들을 포괄하는 용어이지만, 출천 문헌을 명시하지는 않는다. 비사제계 문헌은 대략 민수기 내 야훼-엘로힘계(JE) 자료에 해당하지만 21,17-18.27-30에 있는 운문 단편과 같은 다른 자료를 포함할 수도 있다. 회의론이 커져 가는 데도 유배 이전에 야훼계 출전(J)이나 야훼-엘로힘계(JE) 출전이 있었다고 여전히 주장하는 학자들도 있다(Levine, 1.48-50). 반 시터스Van Seters(457-458)는 '야훼계Jahwist' 라는 이름을 유지하긴 하지만, 그것을 유배 이후 신명기계보다 더 나중에 등장한 저자가 신명기계 역사의 도입부로 쓴 작품이라고 완전히 새롭게 이해한다. 야훼계 저자가 하나의 통일된 문학 작품을 썼고 나중에 사제계 문헌이 추가되었다고 보는 것이다. 반대로 오토Otto(27-34)는 비사제계 자료를 신명기계와 사제계 이후에 나온 자료로 분류한다. 그러고는 오경 본문의 복잡한 성서 내부inner-biblical 분석에 천착하여, 어떤 구절이 편집되었고 그것들이 원래 본문과 전승을 어떻게 보충하는지 밝혀낸다.

작품 속에 어떤 원자료들이 있었고 그것들이 어떻게 편집되고 수정되었는지를 재구성할 때 충분한 정보 없이 이런저런 결정이나 판단을 내려야 하는 경우가 적지 않다. 본문의 현재 형태에는 형성 과정을 완전하게 설명하기 위한 모든 단서가 남아 있지 않기 때문이다. 통시적 연구가 이렇게 복잡하긴 하지만, 공시적 본문에 깊이라는 차원을 제공한다면 그렇게 할 만한 가치가 있다. 이렇게 더 무거운 연구가 때로는 본문의 의미를 더 환히 밝히기도 한다.

연대

민수기가 오경에서 가장 늦게 완성되었다는 의견에 점점 더 많은 학자들이 동의하고 있다(Albertz, 221). 사제계 전승과 신명기계 전승에 있는 자료들의 일부는 유배기 이전으로 소급될 수 있다. 하지만 그 자료들은 대부분 기원전 5세기에 현재 형태를 갖추었다. 비사제계 자료에는 몇몇 초기 운문과 목록이 들어 있다.

개요

1,1-10,10	시나이에서 약속의 땅으로 이동 준비
10,11-21,35	광야를 거쳐 요르단강 동쪽으로 이동
22,1-36,13	모압 벌판에서 약속의 땅으로 이동 준비

민수기 주해

시나이에서 약속의 땅으로 이동 준비 1,1-10,10

이스라엘 백성은 시나이산에서 거의 11개월 동안 기다리면서 가르침을 받은 뒤 가나안 땅으로 떠날 준비를 한다. 야훼는 모세와 아론을 중개자로 삼아 여정을 시작하고 인도하신다. 1,1-10,10의 사제계 저자는 하느님의 명령이 얼마나 명확했고 이스라엘 백성의 응답이 얼마나 순종적이었는지를 강조한다. 민수기의 서두에 나오는 지시들은 성막을 둘러싼 공동체의 공간 배치가 이스라엘 백성이 하느님을 그한가운데 모시고 살아가는 백성이라는 정체성에 충실하게 머무는 데 어떻게 도움을 주는지를 간략하게 서술한다.

거룩한 공간의 유지 1,1-6,27

사제계의 사상적 핵심은 야훼의 거룩함이다. 생명의 원천이신 이 하느님의 거룩함을 공경하려면 야훼가 공동체 안에 상징적으로 머무시는 장소에 죽음과 부패의 부정한 기운이 범접할 수 없게 해야 한다. 누구든 경계를 넘어 거룩함의 영역에 들어간다면, 그러한 건너감이 거룩한 공간의 온전함에 누가 되지 않도록 특별한 조치를 취해야 한다. 야훼가 이스라엘 백성의 공동체 가운데에 머무르며 백성을 축복하고 공동체를 유지하시게 하려면, 이런 식으로 성물과 거룩한 장소의 질서(위계)를 세우는 일이 반드시 필요하다.

민수기에서 모세는 야훼와 이스라엘 공동체 사이의 주된 중개자이다. 예언자 겸 사제 역할을 수행하는 모세는 이스라엘의 제의와 사제직을 창시하는 인물로 그려진다. 민수기에서 사제 직분과 레위인 직분이 구별되면서 아론과 그의 아들 엘아자르와 이타마르가 수행하는 사제직에 대한 묘사도 발전한다. 제물을 봉헌하는 사제와 사제들을 보조하는 직분을 맡은 다른 레위인들이 어떻게 다른지는 민수 3,9-10에 규정된다. 이스라엘 사제직에 이러한 구분이 생긴 것은 유배 혹은 이후 시기로 보인다(에제 44,10-14 참조). 성聖과 속俗의 경계를 한층 더 단단히 보존하려는 목적이었을 것이다. 그러므로 레위인들은 주로 성과 속 사이에 완충 지대 역할을 한다. 맏이를 대신하고 성소 침입을 막는 책임을 맡은 레위인들은 이스라엘 백성 전체를 향한 야훼의 진노를 흡수하는 피뢰침인 것이다.

성과 속 사이에 있는 이러한 위계는 1,1-10,10의 구조에 반영되어 있다. 속됨의 영역이라 할 수 있는 진영 밖(1,1-2,34; 5,1-6,27)은 거룩함의 완충지인 진영 안(3,1-4,49; 7,1-10,10)과 구별된다. 진영 밖은 전투병의 공간인 반면, 진영 안은 사제와 레위인의 공간이다. 엘아자르에게는 레위 지파에서 가장 중요한 씨족인 크핫인들을 감독하는 역할(3,32)과 여호수아를 대신해 하느님의 뜻을 묻는 권한(27,19-21)이 주어진다.

열두 지파의 인구조사와 배치 1,1-2,34

야훼께서 모세에게 당신을 섬기는 공동체*ʿēdâ*에 있는 남자들 가운데 전쟁에 나갈 수 있는 20세 이상의 모든 장정을 세라고 명하신다. 모세는 씨족*mišpāḥâ*과 집안*bêt-'āb*에 따라 그들을 사열해야 한다(1,1-3). 이 명령의 실행을 보고하는 17-18절은 1-3절과 함께, 열두 지파에서 각각 모세를 도울 사람들의 명단(4-16절)을 둘러싸는 구조를 이룬다. 이 명단의 중심에는 에프라임 지파와 므나쎄 지파를 구성하는 요셉 후손들이 언급된다(10절). 창세 25-50장의 내러티브에 따라 라헬의 자손들이 더 귀하게 여겨진다. 요셉 집안을 둘로 나눈 덕분에 레위 지파를 전투 사열에서 제외하면서도 전쟁에 참여하는 지파 수를 열둘로 유지할 수 있었다.

모세의 조력자 1,4-16	사열 받은 지파와 인원 1,20-46	행진 순서 2,3-30; 참조 10,13-28
엘리추르(르우벤 지파)	르우벤 46,500명	유다
슬루미엘(시메온 지파)	시메온 59,300명	이사카르
나흐손(유다 지파)	가드 45,650명	즈불룬

느탄엘(이사카르 지파)	유다 74,600명	르우벤
엘리압(즈불룬 지파)	이사카르 54,400명	시메온
엘리사마(에프라임 지파)	즈불룬 57,400명	가드 (+레위)
가믈리엘(므나쎄 지파)	에프라임 40,500명	에프라임
아비단(벤야민 지파)	므나쎄 32,200명	므나쎄
아히에제르(단 지파)	벤야민 35,400명	벤야민
파그이엘(아세르 지파)	단 62,700명	단
엘야삽(가드 지파)	아세르 41,500명	아세르
아히라(납탈리 지파)	납탈리 53,400명	납탈리
총 사열 인원	603,550명	

이 인구조사의 결과는 1,20-54에 기록되어 있다. 열두 지파 각각에 기입된 내용에는 다음과 같은 요소가 있다. (1) 지파 이름 (2) 전쟁에 나갈 수 있는 20세 이상의 모든 장정을 씨족과 집안별로 혈통에 따라 호명 (3) 총 인원. 몸종 질파의 자손인 가드 지파(창세 30,10-11)는 모세의 조력자 명단에서는 열한 번째로 나오지만 이 목록에서는 세 번째로 나온다(1,24-25). 이렇게 위치가 바뀐 것은 가드 지파가 성소 남쪽 르우벤 진영의 깃발 아래에 있는 부대들 사이에 자리 잡았기 때문이다(2,14-15).

이 지파 사열에서 나오는 큰 인원수는 부풀려진 것으로 보인다(탈출 12,37 참조). 전쟁에 나갈 수 있는 총 인원이 603,550명이고 이들이 전체 인원의 대략 4분의 1을 차지한다면, 시나이 광야에 있는 이스라엘 백성의 전체 인원은 거의 2백만 명이어야 한다. 이렇게 많은 사람을 먹여 살리기에 시나이 광야의 자원은 턱없이 부족했을 것이고, 그 인원을 성막 주변에 배치하려면 병참 문제도 엄청났을 것이다. 하지만 엘렙*'elep*이라는 말이 '1,000명'이 아니라 평균 400-500명가량의 병사로 이루어진 지파 부대를 뜻한다면, 이스라엘 백성에서 사열을 받은 전체 인원은 대략 301,000명이었을 것이다(Rendsburg, 393-394).

2장에서 야훼는 모세에게 지파들이 진을 칠 수 있도록 방법을 알려 주신다. 지파들은 성막에서 조금 떨어져 그 둘레에 4개의 깃발*degel* 아래 진을 쳐야 한다. 동쪽에는 유다 진영의 깃발 아래 유다와 이사카르, 즈블룬 지파의 부대가 진을 치며 행진에 앞장선다(2,3-9). 인구조사 명단(1,20-46)의 순서와 달리 맏이인 르우벤이 아닌 유다가 첫째 자리를 차지한다. 남쪽에는 르우벤 진영의 깃발 아래 르우벤과 시메온, 가드 지파의 부대가 진을 치며 두 번째로 행진한다(2,10-16). 서쪽에는 에프라임 진영의 깃발 아래 에프라임과 므나쎄, 벤야민 지파의 부대가 진을 치며 세 번째로 행진한다(2,18-24). 북쪽에는 단 진영의 깃발 아래 단과 아세르, 납탈리 지파의 부대가 진을 치며 마지막으로 행진한다(2,25-31). 2,17에는 레위 지파가 르우벤 진영 부대들 뒤에서 행진한다고 나온다. 하지만 10,11-28에 있는 행진 순서를 따르면 레위 지파는 씨족별로 나누어 행진하는데, 게르손 씨족과 므라리 씨족은 유다 진영 부대들을 따르고 크핫 씨족은 르우벤 진영 부대들 뒤에서 행진한다(10,17.21).

1장과 2장은 병행 구조로 되어 있다. (1) 1,1-43 // 2,1-31 (2) 1,44

// 2,32ㄱ (3) 1,46 // 2,32ㄴ (4) 1,47 // 2,33ㄱ (5) 1,54 // 2,34. 1장과 2장에 나타나는 이러한 병행 구조에서 벗어나는 부분은 1,48-53이 유일한데, 여기서는 성막과 그곳 기물에 관해 레위 지파가 맡은 특별 임무를 미리 설명한다.

레위인들의 인구조사와 배치 3,1-4,49

레위인들에 대한 별도의 인구조사와 사열은 야훼의 거룩함을 수호하는 그들의 특별한 역할을 강조한다. 레위인들은 거룩한 영역과 속된 영역 사이를 오가며 야훼를 섬기고 야훼의 축복을 공동체에 전달하는 일을 돕는다(1,54ㄴ; 3,7-8.28ㄴ.32ㄴ; 8,26; 18,4-5; 31,47). 레위인들은 성막 둘레에 진을 쳐야 한다. 이스라엘이 공동으로 잘못을 저질렀을 때 야훼의 진노가 공동체에 내리지 않게 하기 위함이다(1,53ㄱ; 18,5ㄴ). 3,1-9과 4,1-33에서는 그들이 맡은 직무에 관한 명확한 지시가 주어진다. 레위인들은 거룩한 영역을 침범한 이를 즉시 죽이는 임무도 받는다(1,51ㄴ; 3,10ㄴ.38; 18,7).

레위 지파에서 가장 높은 지위에 있는 이들은 아론의 자손들이다. 제물을 봉헌하기 위해 제단 가까이 가는 위험한 책무를 맡았기 때문이다(3,10). 3,1-4은 아론의 네 아들(나답, 아비후, 엘아자르, 이타마르)을 거명하면서 장남과 차남이 비참한 죽음을 맞은 것은 두 사제가 "속된 불"을 바쳤기 때문이라고 밝힌다(3,4; 26,61; 참조 17,5). 야훼를 진노하게 하지 않으려면 사제 계급만이 아니라 레위인들도 세심하게 주의해야 했다. 레위인들이 제단에서 일하는 사제들에서 성막의 보호자로 강등된 것은 이스라엘 백성이 우상숭배를 할 때 그들도 가담했기 때문으로 보인다(에제 44,10-14). 민수기에는 레위인들 사이에 있는 위계가 규정된다. 곧, 레위인들은 아론계 사제들의 협조자이다(3,5-6.8-9). 레위인들을 아론계 사제들과 구별한 것에 대한 반발은 코라의 반역 때에 수면 위로 올라온다(16,1-11). 이러한 위계를 정한 이유는 "속된" 것이나 "낯선" 것(3,10)이 야훼의 처소에 가까이 다가서는 것을 막기 위함이다(3,8).

레위인들은 맏이를 대신하는 역할도 한다(3,12-13). 야훼는 태를 맨 먼저 열고 나온 맏이에 대한 권한을 갖는다(탈출 13,1-2; 22,28-29; 34,19-20). 사람의 경우에는 대속해야 하는데(탈출 13,12-13), 레위인들이 바로 그 역할을 한다. 그들이 무엇을 하는지보다 그들이 어떤 사람들인지가 야훼를 영예롭게 하고 하느님의 진노를 누그러뜨릴 것이다.

레위의 아들들과 그 씨족의 이름들이 3,17-20(탈출 6,16-20 참조)에 제시된 뒤 태어난 지 한 달 이상 된 레위인들의 수가 기록된다. 태어난 지 한 달이 넘은 신생아는 생존 가능성이 높다고 여겨졌다. 이어서 각 씨족의 임무를 간략하게 소개한다. 성소 서쪽에 진을 친 게르손의 씨족들은 7,500명이고 주요 임무는 성막과 뜰에 사용되는 천들을 관리하는 일이다(3,21-26). 성막 남쪽에 진을 친 크핫의 씨족들은 8,600명이고 주요 임무는 가구와 물품을 관리하는 일이다. 성막 북쪽에 진을 친 므라리의 씨족들은 6,200명이고 주요 임무는 성막과 뜰에 사용되는 널빤지와 가로다지, 기둥, 밑받침들을 관리하는 일이다. 아론의 자손들은 모세와 아론과 함께 성막 동쪽에 진을 치는데,

이들의 수는 따로 세지 않았다(3,38). 모세와 아론과 자손들은 크핫 씨족의 숫자에 포함된 것으로 보인다(19절; 탈출 6,18.20).

이스라엘의 모든 맏아들과 가축의 모든 맏배를 빠지지 않고 대속하기 위해, 태어난 지 적어도 한 달 이상 된 남자는 사열하고 수를 세어야 한다(3,40-43). 이스라엘의 맏아들은 22,273명이다. 레위인들 가운데 태어난 지 적어도 한 달 이상 된 맏아들은 22,000명이다(3,39). 나머지 273명의 대속 값으로는 한 사람당 성소 세켈로 다섯 세켈을 받아 아론과 그의 아들들에게 주어야 한다(3,46-51).

아론계 사제들의 협조자로서 30-50세 사이의 레위인들이 맡은 직무는 4,4-33에 규정된다. 씨족별로 그런 직무를 수행할 수 있는 레위인들의 숫자는 이어지는 4,34-49에 보고된다. 여기에서는 3,17-37에 나오는 출생 순서를 따르지 않고 크핫의 씨족들이 첫자리에 놓인다(4,1-20). 이들이 성막의 "가장 거룩한 것들"(4절), 곧 증언 궤와 제사상, 등잔대, 금 제단, 번제물 제단, 그리고 거기에 딸린 기물들을 옮기는 직무를 맡았기 때문이다. 이들의 직무에 대한 설명은 게르손의 씨족들이나 므라리의 씨족들이 맡은 직무에 대한 설명보다 서너 배 더 길다. 하지만 이 설명의 절반은 크핫인들이 직접 보지 않도록 아론과 그 아들들이 가장 거룩한 것들을 어떻게 덮어야 하는지를 다룬다(20절). 아론의 아들 엘아자르가 성막과 그것에 딸린 기물들, 기름, 향, 곡식 제물을 맡는데(16절), 사제 계급 내 위계는 크핫의 씨족들에서 가장 확연하게 드러난다. 크핫의 자손인 코라의 반역(16,1-11.16-24.35)이 어떤 배경에서 일어나게 되었는지가 여기에서 더 분명해진다.

게르손의 씨족들이 맡은 직무는 4,21-28에 소개된다. 이들은 성소의 다양한 직물, 곧 성막에 치는 천, 만남의 천막과 그 덮개, 그 위에 씌우는 돌고래 가죽 덮개, 만남의 천막 어귀에 치는 막, 뜰의 휘장, 뜰의 정문 어귀에 치는 막 등을 옮겨야 한다. 거기에 딸린 줄과 다른 직물도 옮겨야 한다. 성소에서 사용되는 더 무겁고 단단한 물건들을 담당하는 므라리의 씨족들이 맡은 직무(4,31-32)는 3,36-37 내용이 거의 동일하게 되풀이된다. 한 가지 추가된 내용이 있다면 그들이 옮겨야 할 물건들을 지정해서 맡겨야 한다는 것이다. 아마도 일부 물건은 잃어버리기 쉬웠을 것이다(32절). 아론의 아들 이타마르가 게르손의 씨족들(28절)과 므라리의 씨족들(33절)을 모두 감독한다.

30-50세 사이의 레위인들에 대한 인구조사 결과는 4,34-49에 다음과 같이 실려 있다. 크핫의 씨족들이 2,750명, 게르손의 씨족들이 2,630명, 므라리의 씨족들이 3,200명이다. 성인 레위인들의 총 인원은 8,580명이다.

진영 밖에서 삶과 죽음의 현실을 조정함 5,1-6,27

여기에 있는 규정들은 앞의 사제계 규정들을 보충한다. 이들은 정착한 땅에서 살 때 현실에서 일어날 수 있는 문제들을 다룬다. 광야라는 맥락은 진영 밖에 있는 공동체의 상태와 행실이 성막의 정결함에 어떻게 영향을 미치는지를 강조한다.

5,1-4: 생명의 원천이신 야훼는 죽음과 공존할 수 없다. 그러므로 레위인들이 만든 완충 지대 너머에 있는 진영 밖까지 정결한 상태

를 유지해야 한다. 진영 바깥의 부정함이 공기를 타고 번제물 제단으로 넘어와 쌓일 수 있기 때문이다(Milgrom, 444-447). 축적된 부정함이 포화 지점에 이르면, 야훼는 성막과 진영을 떠나실 수밖에 없다(에제 11,23). 사제들은 다양한 형태를 지닌 부정함이 고대근동의 다신교 세계에 있는 마귀들에게서 신화적 속성을 없애버린 뒤 남은 잔재라고 보았다. 죽음과 한편인 부정적 힘이라 할 수 있는 부정함은 생명과 축복의 원천이신 야훼와 공존할 수 없다.

5,1-4에 명시된 세 가지 형태의 부정은 죽음이 어떻게 일상 영역에 침범하는지를 드러낸다. (1) 악성 피부병은 피부와 살이 부패하는 형태이다. (2) 생식기에서 비정상적인 고름이 나는 사람은 정액이나 생식혈이 지나치게 분비되어 임신과 출산 과정을 저해한다. (3) 주검에 닿은 사람은 죽음이라는 전염병에 감염되었으니 다른 사람에게 옮기지 않기 위해 정화되어야 한다. 그러므로 5,3에서 야훼는 이스라엘 백성에게 부정한 사람을 진영에서 추방하라고 명령하신다(레위 13,45-46; 15,1-15; 19,11-22 참조).

5,5-10: 이웃의 물건을 부당하게 소유하는 행위에 대한 법규이다. 이 법규는 기만이나 사기, 거짓말로 차지한 이웃의 물건을 되돌려주고 보상 제물을 바쳐 야훼와 관계를 회복하는 과정을 규정하는 레위 5,21-26의 법규를 기반으로 한다. 타인을 속이는 행동은 야훼에게 불충했음을 의미하기도 한다(민수 5,6; 참조 5,12.27; 에제 14,13; 15,8). 그러한 행동은 거룩한 것을 속되게 한다. 그러한 잘못에 대해 민수 5,5-10이 새롭게 규정해 놓은 행위는 다음과 같다. (1) "그런 자는 자기가 저지른 잘못을 고백"(7ㄱ절)해야 한다. (2) 훔친 물건을 피해자에

게 갚을 수 없거나 "대신 보상을 받을 근친"이 없다면, 그 보상은 야훼에게 돌아가 사제의 몫이 된다(8절). 자기 잘못을 단순히 고백하는 것만으로는 속죄가 충분하지 않다. 훔친 재산을 보상하고, 거기에 5분의 1을 더해 돌려주며, 보상 제물*'āšām*을 바쳐야 한다.

5,11-31: 간통 혐의를 받는 여자를 대상으로 하는 시죄법試罪法*은 예방 차원에서 고안되었다. 아내가 불륜을 저지른 증거는 없지만 남편이 "질투심" 때문에 의심한다면(14절), 그 사람은 아내를 사제에게 데려가서 "질투의 곡식 제물", 곧 잘못을 떠올리게 할 "기억의 제물"(15절)을 바칠 수 있었다. 고대 이스라엘에서 실제로 이런 예식을 행했다는 증거는 없다. 하지만 이런 규정을 통해 남편의 감정을 우선시하고 아내를 그런 감정에 종속시켰음을 알 수 있다.

아내에게 제기된 혐의를 "간통*n'p*"이라고 명시하지는 않는다. 대신 네 가지 죄목으로 묘사한다. 빗나감, 배신함, 다른 남자와 동침함, 제 몸을 더럽힘(12-13절). 증거가 없기 때문에 아내의 부정에 대한 남편의 의심은 성소에서 하느님의 판결로 해결해야 했다. 예식에서 여자는 머리를 풀고 기름이나 유향을 더하지 않은 보릿가루 예물을 손에 얹는다. 사제는 거룩한 물을 담은 옹기그릇에 성막 바닥에 있는 흙먼지를 타서 저주를 부르는 쓴 물을 만든다. 그리고 결백과 자기 저주의 맹세를 요구하면 여자는 받아들인다. 사제는 맹세와 저주를 글로 써서 만들어 둔 쓴 물에 씻는다. 그리고 여자에게서 곡식 제물을 받아 일부를 제단 위에서 바치며 야훼가 함께하시길 청한다. 그런 뒤에 여자에게 그 쓴 물을 마시게 한다. 만일 그녀의 배가 부풀어 오르고 자

* 역자주: 고대 사회에서 송사를 합리적으로 판단하기 어려운 경우 피의자에게 신체적 위해를 가하여 죄의 유무를 판단하던 법이다.

궁(역자주: 《성경》은 "허벅지"로 옮겼다)이 떨어져 나가면 그녀가 잘못을 저지른 것이니 사람들 사이에서 저주의 본보기가 될 것이다. 그렇지 않으면 그녀의 결백이 밝혀진다. 이와 같이 치욕적이고 여성에게 불리한 예식은 고대 이스라엘 가정에서 남편의 권위를 강화하는 역할을 했다.

6,1-21: 일반 백성도 공동체가 더 거룩해지는 데 중요한 역할을 수행했다. 이는 나지르인에 대한 묘사와 이렇게 한시적 서원을 시작하는 방법(1-8절), 중단되었을 때 다시 시작하는 방법(9-12절), 서원을 완료하는 방법(13-20절)에 대한 설명에서 알 수 있다. 나지르인, 곧 '따로 떼어놓은 이'는 남자일 수도 여자일 수도 있다(1절). 나지르인은 포도로 된 어떤 음식도 섭취해서는 안 되고 자기 머리카락을 잘라서도 안 된다. 주검에 닿아 부정하게 되는 일도 피해야 한다. 부모나 형제자매가 죽었을 때에도 나지르인은 그 자리에 있을 수 없다. 세상을 떠난 이를 위한 애도 예식에 참여하면 그의 서원은 무효가 된다. 주검 가까이 있어서 나지르인은 "죄를 지은" 것이다(11절). 그러므로 주검 때문에 부정해진 몸을 정결하게 하는 마지막 날인 7일째 되는 날에 머리카락을 잘라야 한다(9절). 8일째 되는 날에는 산비둘기 2마리나 집비둘기 새끼 2마리를 사제에게 가져와야 한다. 그러면 사제는 1마리는 속죄 제물로, 다른 1마리는 번제물로 바쳐 속죄 예식을 거행한다(11절). 이렇게 하면 바로 그날부터 나지르인은 처음 서원한 것과 같은 기간 동안 봉헌 생활을 할 수 있다. 1년 된 어린 숫양을 보상 제물로 가져오면 재봉헌이 확인된다. 머리가 부정해진다고 하고 또 다시 봉헌한다고 하는 것으로 보아 긴 머리카락은 나지르인을 나타내는 즉각적이

고 직접적인 표시였던 것으로 보인다.

삼손이나 어쩌면 사무엘과 달리, 6장에서 말하는 나지르인들은 사제의 생활양식을 반영하는 거룩한 상태에서 평생이 아닌 제한된 기간 동안 봉사한다. 이 기간이 끝나면 다음과 같은 제물을 성소에 바치고 평범한 삶으로 되돌아간다. 즉 1년 된 어린 숫양 1마리를 번제물로, 1년 된 어린 암양 1마리를 속제물로, 숫양 1마리를 친교 제물로, 누룩 없는 빵과 고운 곡식 가루에 기름을 섞어 만든 과자와 기름을 발라 누룩 없이 만든 부꾸미 한 광주리를 곡식 제물과 제주와 함께 바친다. 이와 같은 예식을 하는 동안 나지르인은 머리를 자르고 그 머리카락을 친교 제물 밑에 타고 있는 불 위에 얹어야 한다. 그런 뒤에 사제는 삶은 숫양의 어깨 고기, 누룩 없는 과자 하나와 누룩 없는 부꾸미 하나를 나지르인의 두 손에 얹었다가 하느님 앞에 예물로 흔들어 바친다. 이렇게 바친 것들은 사제의 몫이 된다. 사제는 삶은 숫양의 가슴 고기와 넓적다리 고기도 받는다. 이렇게 다양한 예물 목록으로 보아 나지르인 서원은 꽤 큰 비용이 드는 일이었던 것 같다. 하지만 나지르인들은 가능하다면 더 많은 것을 바치도록 권고 받는다(21ㄱ절).

6,22-27: 야훼는 모세에게 지시를 내려 아론과 아들들에게 이스라엘 자손들을 축복하게 하신다. 야훼가 '축복하다'는 단어를 선포하시면 그것은 규정이 된다. 반면 사람이 '축복'을 이야기하면 그것은 기도이다. 이 축복은 3개의 행으로 구성되어 있고 각 행에는 2개의 절이 있다. 각 행에서 첫째 절의 동사들은 야훼가 이스라엘 백성에게 오시기를 간청한다(복을 내리시고, 얼굴을 비추시고, 얼굴을 들어 보이시기를) 둘째 절의 동사들은 그렇게 하느님이 가까이 오셨을 때 바라는 유

익을 언급한다(지켜 주시고, 은혜를 베푸시고 평화를 베푸시기를). 힌놈 계곡에 있는 한 무덤에서 기원전 7세기 것으로 짐작되는 2개의 은銀 판이 발견되었다. 그중 큰 판에는 민수 6,24-26이 그대로 쓰여 있고, 작은 판에는 24-26절 모두 쓸 공간이 없어서 둘째 행과 셋째 행이 붙어 있다(Milgrom, 360-361).

1,1-10,10에서 사제들이 이스라엘 위에 하느님의 이름을 선포하는 행위(6,27)는 첫 번째 부분(1,1-6,27)의 결말을 이루며, 두 번째 부분(7,1-10,10)의 끝에 나오는 사제들이 은 나팔을 불어 전쟁과 연중 거룩한 축제에 야훼가 함께해 주시기를 간청하는 행위(10,8-10)와 대응된다. 이처럼 하느님이 이스라엘에 현존하시기를 바라는 것이 1,1-10,10에 명시된 진영 밖과 안에 관한 규정의 주된 목적이다.

시나이를 떠나기 전에 성막 봉헌을 마침 7,1-10,10

각 지파가 12일에 걸쳐 같은 제물을 바치는 규정은 지파들의 평등과 일치를 강조한다(7,1-89). 등잔을 차려 놓고(8,1-4) 레위인들의 봉헌식을 거행하며(8,5-22) 파스카 축제와 거룩한 때를 지키는 규정(9,1-10,10)은 성막이 이스라엘 공동체의 중심에서 제 기능을 하도록 준비한다.

열두 지파가 성막과 제단에 예물을 봉헌함 7,1-89

지파의 수장들이 성막에 예물을 가져오는 이 장면은 탈출 40,17에서 모세가 성막을 세울 때를 회상하게 한다. 이 일은 민수 1,1에 서술된 사건보다 한 달 전에 일어났다.

지파들의 첫 예물은 수레 6대와 소 12마리였다(7,3). 수레 6대 중에 2대와 소 4마리가 게르손의 자손들에게 주어진다. 이들은 성막과 뜰의 천과 덮개 등을 나르는 임무를 맡았다. 나머지 수레 4대는 므라리의 자손들에게 주어지는데, 이들은 나무 기둥과 막대, 받침대 등 성막과 뜰을 지탱하는 무거운 물건을 날라야 했다. 크핫의 자손들에게는 수레나 소가 주어지지 않는다. 이들은 거룩한 기물들을 어깨에 메고 가야 했기 때문이다(7,9).

제단을 봉헌한 뒤 각 지파의 수장은 행렬을 하며 제단 앞으로 예물을 가져온다(10-88절). 지파들이 행진하는 순서를 따르는데(2,3-30; 참조 10,13-28) 인구조사를 위해 1,4-15에 호명된 지파의 수장들이 여기서도 각 지파를 이끈다. 첫째 날에는 유다 지파의 나흐손이 자기 지파의 예물을 다음과 같이 바친다.

(1) 130세켈 나가는 은 대접 1개와 70세켈 나가는 은 쟁반 1개에 곡식 제물로 바칠, 기름을 섞어 반죽한 고운 곡식 가루를 가득 담았다.
(2) 10세켈 나가는 금 접시 1개에 향을 가득 담았다.
(3) 번제물로 바칠 황소와 숫양 각 1마리, 1년 된 어린 숫양 1마리.

(4) 속죄 제물로 바칠 숫염소 1마리.

(5) 친교 제물로 바칠 소 2마리, 숫양 5마리, 숫염소 5마리, 1년 된 어린 숫양 5마리.

(3), (4), (5)에 언급된 동물 제물은 장차 사용하려고 성소에 봉헌된 것이지 당장 바치려고 한 것은 아니다. 둘째 날에는 이사카르 지파의 느탄엘이 자기 지파를 대신해 같은 예물을 바친다. 하루에 한 지파씩 12일 동안 같은 예물을 제단에 바친다. 이러한 예식을 통해 모든 지파가 평등하다는 메시지가 전달된다.

이와 같은 지파의 예물 목록은 성전 문서고에서 가져온 것일 수 있다. 7장의 현재 형태는 예루살렘과 유다가 배타적인 지위를 강조하던 에즈라(기원전 458)와 느헤미야(기원전 445) 시대에 편집된 것일 수 있으나, 그 기초는 북부 지파와 남부 지파들의 통합을 장려하려 했던 기원전 8세기나 그 이전의 성전 문서를 바탕으로 했을 수 있다(Levine, 1.247).

지파들의 예물 봉헌은 모세가 성막과 제단 건립을 마친 다음에 있었다. 이 시점부터(89절) 모세는 만남의 천막에 들어갈 수 없었는데, "주님(야훼)의 영광"이 가득 차 있었기 때문이다(탈출 40,35). 사제계 전승은 야훼의 초월성을 철저히 보호한다. 만남의 장막에 들어갈 때 모세는 휘장을 열고 지성소에 들어가지 않고 휘장 밖에 머문 채로(탈출 25,22; 29,42; 30,6.36; 민수 7,89; 17,19) 하느님이 하시는 말씀을 듣는다. 모세는 야훼를 보기보다는 듣는다(Milgrom, 365).

등잔대 8,1-4

7개의 가지가 달린 등잔대가 성막 남쪽 벽에 세워졌다. 순금을 두드려 만든 이 등잔대는 앞에 놓인 분향 제단과 제사상을 비추었다(탈출 25,31-40; 37,17-24 참조). 일곱 등잔이 달린 이 나무 모양의 물건은 야훼의 현존을 상징했다. 해질녘부터 동틀 때까지 등불은 계속 타올라야 했는데, 이는 아론계 사제들의 임무였다(탈출 27,20-21; 레위 6,2; 24,2-4). 매일 아침저녁으로 숫양을 바치고 향을 피워야 하듯이 하루에 두 차례 등잔에 기름을 채워야 한다(탈출 29,38-42; 30,7-8). 아론의 아들 엘아자르는 특별히 등잔에 사용하는 기름을 관리하는 일도 맡는다(민수 4,16).

레위인들의 봉헌식 8,5-26

레위인들이 거룩한 영역 가까이에서 일할 수 있도록 준비하려면 먼저 그들을 "정결하게" 해야 한다(6-7절). 모세는 그들에게 "속죄의 물"을 뿌린 다음, 온몸을 면도칼로 밀고 옷을 빨아 입게 해야 한다. 둘째로 황소 2마리를 마련해야 한다. 1마리는 속죄 제물로 다른 1마리는 번제물로 사용하기 위해서다(8.12절). 이스라엘 백성은 레위인들에게 손을 얹는데, 이는 레위인들이 백성을 대신하여 봉사한다는 것을 상징한다(10절). 그런 뒤에 아론은 레위인들이 '야훼의 일'을 할 수 있도록 그들을 '예물로 흔들어 바친다'. 다음으로 레위인들을 위한 "속죄 예식"에 바칠 황소 2마리에 손을 얹는다(12절). 마지막으로 모세는 레위인들을 아론과 그 아들들 앞에 세우고 그들을 흔들어 바치는 예물로 야훼께 올리게 해야 한다(13절).

그러고 나서 야훼는 모세에게 예식의 의미를 설명하신다(15-19절). 이 봉헌식은 레위인들이 이스라엘의 맏아들을 대신하는 예물로서 온전히 야훼께 속함을 공적으로 선언하는 것이다(18절). 하지만 레위인들의 경계인 지위에 '거룩하다*qdš*'라는 어근은 절대 사용되지 않는다. 야훼는 레위인들을 아론과 그 아들들에게 협조자로 주셨다고 선언하신다(19절). 이런 봉사를 통해 레위인들은 이스라엘인들이 거룩한 공간을 침범할 경우 닥칠 "재앙"으로부터 그들을 보호할 것이다. 마지막으로 20-22절은 이 예식을 완수했다고 보고한다.

레위인들은 50세가 되면 은퇴를 해야 한다. 24절에는 그들이 25세에 복무를 시작한다고 한다. 4,3.23.30에는 30세에 복무를 시작한다고 나온다. 이런 불일치는 첫 5년이 전임 복무를 준비하는 기간이라는 주장을 담은 쿰란 문헌을 통해 해결된다(1QSa 1,12-19; 1QM 7,3). 전임 복무에서 은퇴한 뒤에도 레위인들은 여전히 동료 레위인들이 성소를 지키는 일을 도울 수 있다(26절).

야훼의 때에 복종함 9,1-10,10

이스라엘 백성은 공동체로서 조직적으로 행동하기 위한 야훼의 때timing에 주의를 기울여야 했다. 이집트에서 시나이산으로 떠나기 전 첫째 달 14일에 파스카를 기념해야 했듯이, 시나이에서 약속의 땅으로 출발하기 전에도 파스카 축제를 지내야 했다(9,1-14). 2절에 따르면 야훼는 이스라엘 백성이 그 요구를 충족할 수 있도록(5절) 14일이 되기 전에 이 명령을 내리신 것으로 보인다. 1,1-10,10은 둘째 달을 배경으로 한다. 그러니 9,1-14은 누군가 주검에 몸이 닿는 바람에 파스카 축제를 지내지 못하게 되었을 때 어떻게 해야 하는지를 문의한 모세에게 하신 야훼의 대답이라고 할 수 있다. 그런 사람은 둘째 달 14일에 파스카를 기념해야 한다. 파스카 축제를 지내지 않아도 되는 또 하나의 합법적 예외는 먼 길을 떠나 시간에 맞춰 예루살렘에 올 수 없는 경우이다(9-10절). 이 두 가지 이유 외에는 이스라엘 백성과 이스라엘에 거주하고 있는 외국인은 정해진 법규에 따라 파스카 축제를 지내야 한다. 그러지 않으면 공동체에서 추방될 것이다(13-14절; 참조 탈출 12,5-10; 29,34; 레위 7,15; 22,30). 내러티브의 시간 순서에 따르면, 이집트 탈출 세대 중 둘째 달 14일 전에 이 규정을 들은 사람은 첫째 달 14일에 부정한 상태였다고 해도 파스카 축제를 지낼 기회가 있었을 것이다.

9,1-14에 나오는 이 신탁 이야기는 법적 판단이 필요한 상황을 들려준다(레위 24,10-23, 민수 15,32-36; 27,1-11 참조). 이런 상황에서 모세는 앞으로 나갈 길을 식별하기 위해 야훼께 신탁을 구했다. 이 단락은 제의의 중앙집중화 문제에 깊은 영향을 받았음을 드러낸다(2역대 30,1-13 참조). (1) 7절에 따르면 파스카 축제를 지낼 때 정해진 제단에 피와 굳기름을 바쳐야 했다(레위 17,3-12; 신명 16,2 참조; Milgrom, 68). (2) 먼 길을 떠난 이 역시 파스카 축제를 지낼 수 있는 기회가 다시 주

어졌다(10절).

9,15-23은 광야 길을 인도하는 구름에 관한 단락으로 탈출 40,36-38과 수미상관을 이루어, 시나이에서 율법을 선포하는 내용을 담고 있는 레위 1,1에서 민수 9,14을 둘러싸고 있다. 밤에는 불타는 모양으로 성막 위에 자리 잡은 구름은 이스라엘 진영 한가운데에 계신 하느님의 현존을 상징했다. 사제계 내러티브에 따르면 시나이 계시라는 유일무이한 순간에 모세는 구름 속에 들어간 유일한 사람이었다(탈출 24,18; 34,5). 성소를 세운 뒤(탈출 40,33)에는 하느님의 영광 때문에 인간이 들어갈 수 없게 되었다. 그러므로 구름은 하느님의 현존을 드러내기도 하고 감추기도 하는 특징을 지닌다.

구름은 이스라엘 백성에게 언제 길을 떠나야 하고 언제 진을 쳐야 하는지를 알려 주었다(17-18절). 광야라는 미지의 공간에서 이스라엘이 지녔을 취약성을 생각한다면 이렇게 직접적인 하느님의 인도는 이제 꼴을 갖추어져 가는 공동체가 나아갈 방향을 알려 주는 기준점이 되었다고 할 수 있다. 19-23절에 있는 묘사는 특정한 장소에서 얼마간 머물렀는지를 알려 준다. 일곱 곳에서 머무른 기간이 모두 다른데, 어떤 때는 많은 날을(19절), 어떤 때는 며칠만(20절), 어떤 때는 저녁부터 아침까지만(21절), 어떤 때에는 하루 밤낮을(21절), 어떤 때는 이틀을(22절), 어떤 때는 한 달을(22절), 어떤 때는 한 달 이상을(22절) 머물렀다. 하느님의 때가 이렇게 완전히 다르다는 사실은 이스라엘 백성이 하느님의 인도를 신뢰하도록 훈련받고 있었음을 드러낸다.

10,1-10에 나오는 은 나팔의 목적은 공동체를 불러 모으거나 진영이 출발하는 때를 알리는 것이다(2절). 이 신호로 공동체는 신속하

고 일사분란하게 움직일 수 있다(3.7절). 특정한 소리는 특정한 응답을 요구한다. (1) 두 나팔을 같이 길게 불면 온 공동체가 모여야 하고 (2) 하나만 길게 불면 지파와 씨족의 우두머리만 모인다. 진영을 철수하는 신호는 아마도 두 나팔을 불어 특정한 리듬에 맞춰 일련의 음을 냈을 것이다(5-6절).

아론의 자손들이 나팔을 부는 임무를 맡는다(8절). 침략하는 적들에 맞서 이스라엘 땅 안에서 전투가 벌어질 때에 나팔을 길게 부는 것은 군대와 백성에게 경고할 뿐 아니라, 이스라엘을 기억해 주십사고 야훼께 요청하는 역할을 한다(9절). 그러므로 나팔은 구원과 보호를 청하는 기도의 도구 기능을 한다. 10,1-10에서 사제들이 나팔을 부는 모습은 6,22-27에서 회중에게 사제의 축복문을 낭송하는 모습과 비슷하다. 평화로운 시기에는 축제와 초하룻날 행사에서, 번제물과 친교 제물을 바칠 때 나팔을 불어 야훼께서 이스라엘을 기억하시도록 간구하는 기도의 기능을 드러낸다.

광야를 거쳐 요르단강 동쪽으로 이동 10,11-21,35

시나이에 이르기 전 광야에는 자연 자원이 부족했다. 그래서 이스라엘 백성은 보호를 받고자 야훼께 소리쳤다. 그러나 시나이에 도착한 뒤에 광야는 이스라엘 백성이 모세와 아론에게 불평하고 자신들을 이집트에서 끌어내신 야훼의 의도에 의문을 제기하는 무대로 변한다. 이러한 변화는 '합법적 지도자를 인정하고 따를 수 있을까?' 하는 권위 문제에 초점을 둔다. 광야 이야기에서 권위를 둘러싼 논란은 11-21장에 나타난 교차대구 구조를 통해 분명하게 드러난다(Römer 2008: 28).

교차대구 구조		주제
A 11,1-3	A′ 21,6-9	모세의 중재
B 11,4-5	B′ 21,4-5	음식과 물 부족
C 12,1-15	C′ 16,1-17,5	예언자와 사제 지도자들에 대한 반역
D 13-14장		탈출이라는 하느님 계획 거부

정찰대 이야기(13,1-33)는 공시적으로나 통시적으로나 민수기에서 중심 역할을 한다.

시나이에서 출발 10,11-28

민수기에서 연대를 알리는 두 번째(이집트를 탈출한 둘째 해 둘째 달 20일) 기록은 "구름"이 이스라엘 백성에게 남쪽 시나이 광야에서 북쪽에 있는 파란 광야로 이동하라고 신호를 보낸 때를 알려 준다(11-12절).

지파들의 행진 순서(13-28절)는 성막 주위에 지파들이 배치된 방식을 반영한다. 먼저 유다 진영(유다 지파, 이사카르 지파, 즈불룬 지파)이 출발하고 성막 물품들을 담당하는 레위 지파의 게르손인들과 므라리인들이 뒤를 따른다. 다음으로 르우벤 진영(르우벤 지파, 시메온 지파, 가드 지파)이 행진하고 성소의 집기들을 나르는 크핫인들이 따른다. 에프라임 진영(에프라임 지파, 므나쎄 지파, 벤야민 지파)이 그 뒤를 잇고, 단 진영(단 지파, 아세르 지파, 납탈리 지파)이 끝에 선다.

광야의 길잡이와 하느님의 인도 10,29-36

구름의 움직임이 이스라엘 백성이 이동하는 때를 지정했다고 해도 (11-12절; 참조 14,14; 신명 1,33) 어느 길로 가야 하는지를 분명하게 정해 주지는 않았을 수 있다. 따라서 인간의 안내도 필요했다. 비사제계 본문으로 여겨지는 29-31절에서 모세는 시나이 광야를 잘 아는 미디안 사람 호밥에게 이스라엘 백성을 안내해 달라고 청한다. 모세는 이스라엘 백성이 그를 후하게 대하겠다고 약속한다. 그는 거절했지만 모세는 호밥의 안내가 얼마나 중요한지를 강조하며 다시 한번 청한다. 이후로 호밥은 다시 언급되지 않는다. 본문은 호밥이 그들을 안내했을 가능성을 열어 둔다. 그러므로 광야에서 모세는 사람과 하느님 모두에게 안내를 구했던 것으로 보인다.

호밥은 모세의 처가 쪽 사람*htn*인데 그 관계가 명시되지 않는다. (1) 판관 1,16(칠십인역); 4,11; 탈출 2,18에서 호밥과 르우엘은 모세의 장인으로 나오는데, 탈출 18,1-12에서는 이트로라 불린다. (2) 호밥과 이트로가 같은 사람이고 르우엘이 그의 아버지였다면, 호밥은 모세의 처남이었을 수 있다. (3) 하지만 하탄*htn*이 르우엘의 '씨족'을 가리킨다면 호밥은 모세의 사위였을 수 있다.

10,33-34에서 구름은 계약 궤와 함께 행진을 이끈다. 구름은 하느님의 현존을 상징하고(34절), 궤는 이스라엘 백성을 약속의 땅으로 이끄는 데 초점을 둔다(33절). 35-36절에 있는 운문은 비사제계 요소로 보인다. 궤가 신명기계 문서(신명 10,5)에서처럼 십계명 돌 판 보관함이 아니라 전투에서 수호신처럼 여겨지던 때를 반영하기 때문이다.

타브에라에서 백성이 불만을 품고 부당하게 불평함 11,1-3

짧은 '불평 이야기'는 이 장르의 주요 요소들이 무엇인지를 보여 준다. 곧 백성이 불평하고(1ㄱ절), 야훼가 진노하시어 진영 언저리를 불태우신다(1ㄴ절). 백성이 부르짖자(2ㄱ절) 모세가 야훼께 기도하고, 마침내 불이 꺼진다(2ㄴ절). 이 사건은 '화재'라는 뜻을 지닌 타브에라에서 일어났다. 시나이에서 타브에라까지 가는 3일 여정(10,33)은 이집트에서 시나이로 이동했던 3일 여정과 짝을 이룬다. 타브에라에서 백성이 불평한 일은 홍해에서 3일간 이동한 뒤에 그랬듯이(탈출 15,22-26) 물이 부족했기 때문일 수 있다.

반역과 권한 위임 11,4-35

음식을 두고 불평하는 이 이야기(A 이야기: 4-15.18-24ㄱ.31-35절)에서 백성은 고기를 탐하는 "어중이떠중이들"(4절)의 부추김으로 불평을 하게 된다. 그들은 전에 이집트에서 생선과 다양한 채소를 먹었던 때를 그리워한다. 매일 광야에서 만나를 먹는 것보다 그게 더 나아 보이기 때문이다(5-6절). 그들의 불평은 야훼를 진노하게 한다(10절). 그러자 모세는 이렇게 참을성 없는 백성을 무거운 짐으로 지우신 것에 대해 주님께 호소하기 시작한다. 자신이 그들을 낳지도 않았는데 젖을 먹이듯 그들을 품에 안고 가야*hā'ōmēn* 한다는 것이다(11-12절). 모세는 백성이 요구하는 고기를 줄 수 없었다. 이에 야훼는 내일 고기를 줄 것이니 자신을 성결하게 하라고 지시하신다(18절). 결국 백성의 요구대로 되지만, 그것은 축복보다는 저주가 될 것이었다. 그들이 콧구멍에서 고기가 나와 구역질이 날 때까지 먹게 될 것이기 때문이다(19-20절).

A 이야기에서 모세는 백성의 행동에 크게 영향을 받는다. 어중이떠중이들이 사람들을 부추겨 불평하게 한 것처럼 백성의 불평은 모세의 속을 뒤집어 놓았고, 15절에서 하느님께 죽여 달라고 할 정도로 괴로워했다. 이렇게 극심한 절망감은 격렬한 개인 탄원 시편들에서 볼 수 있다(시편 39,1-14; 102,1-12). 시편 속 청원자의 대담함은 신성모독에 가까워 보인다. 다른 한편으로 그렇게 강렬한 불평은 갈라진 틈에 서 있는(에제 22,30 참조) 중재자에게 얼마나 높은 수준의 자기희생이 요구되는지를 드러낼 수도 있다.

모세의 청원을 들은 야훼는 다음날 고기를 받을 수 있도록 백성에게 자신을 성결하게 하라고 명하신다(18절). 이러한 준비는 양면성을 지닌다. 그들은 고기라는 축복을 받겠지만 탐식으로 죽을 지경에 이를 것이다(19-20절). 모세는 절망하는 이스라엘 백성과 감정적으로 동조하는데, 이 모습은 야훼께서 한 달 내내 60만 병사를 먹이실 수 있는지 질문하는 장면에서 다시 드러난다(21절). 하지만 야훼는 모세를 꾸짖으시며 다음날 당신의 능력을 보여 줄 것이라고 말씀하신다(23절).

메추라기 떼가 오자 그것들은 하룻길을 갈 만큼의 광대한 땅에 두 암마(1미터)가량 쌓인다. 각 사람이 적어도 열 호메르(역자주: 《성경》의 도량형 기준으로 약 4천 리터)의 메추라기를 모은다. 시편 78,26에 따르면 동풍이 불어 메추라기를 떨어뜨리는데, 이는 메추라기 떼가 하느님의 징벌임을 의미한다. 이같은 움직임은 봄철 메추라기가 북쪽으로 이동한다는 사실과 일치한다. 33절에서 고기를 입에 넣자 메추라기가 재앙이 된다. 아마도 이런 끔찍한 징벌은 일부 어중이떠중이에게 내렸을 것이고, 이스라엘 백성 대부분은 과식으로 고통을 당했을 것이다. 그렇다면 이 어중이떠중이들은 '탐욕의 무덤들'을 뜻하는 지명(역자주: 키브롯 타아와)으로 기억되었을 것이다.

B 이야기(11,16-17.24ㄴ-30)에서 야훼는 불평하는 백성 때문에 괴로워하는 모세를 도울 원로를 임명하신다. 70명으로 구성된 이 원로단은 고대 가나안 도시국가의 임금을 보좌했던 고문단을 본뜬 것일 수 있다(판관 9,5; 2열왕 10,6 참조). 야훼가 모세에게서 영을 조금 덜어내어 원로들에게 나누어 주시니, 그들의 권위가 비준된다. 원로들은 만남의 천막 앞에서 일시적으로 예언을 하는데 이것은 그들 역할의 정당성을 드러내는 표징이다. 영을 조금 나누어 주었다고 모세의 권위가 실제로 줄어드는 것은 아니다. 공동체 구성원들이 모세에게 어떻게 반응하는지가 권위 구조에서 가장 중요한 요소일 것이다.

원로 70명 가운데 2명, 엘닷과 메닷은 만남의 천막에 가지 않았다. 그럼에도 '영'이 내리자 그들도 진영에서 예언을 한다(26ㄱ절). 여호수아는 모세에게서 영을 받지 않고 이들이 따로 행동하는 것을 반역 행위로 보고 항의한다(28절). 하지만 모세는 야훼가 그들을 선택하셨다며 옹호한다(29절). 공동체의 모든 이에게 주님의 영이 내렸으면 좋겠다는 모세의 바람은 신명 18,9-11의 입장과는 상충되며, 기원전 5세기 예언서(요엘 3,1-2; 에제 36,27; 37,14)에서 강조된 영의 민주화를 반영한다.

A 이야기는 이스라엘 백성의 지도자로서 자기 역할에 깊은 절망감을 느끼던 때에 모세를 보여 준다. B 이야기는 모세가 야훼의 도우심을 크게 깨닫는 더 평온한 때를 그린다. 모세의 감정적 반응의 차이는 야훼께 대한 신뢰와 관련되어 있다. 그러므로 모세에게 일어나는 이 두 가지 감정 상태의 상호 작용은 불평 이야기에 담긴 주요한 신학적 질문과 결을 같이한다. 곧, 이스라엘 백성은 야훼의 인도와 보호를 충분히 신뢰하는가?(14,9 참조).

모세의 예언자적 지도권을 하느님께서 옳다고 하심 12,1-16

이 이야기에서 형제간 경쟁심은 모세의 지도자 권위에 대한 도전에 불을 붙인다. 1절의 가장 초기 형태에서는 미르얌이 모세를 거슬러 이야기하는 사람이다. 여기에 사용된 동사 "비방하다*tədabbēr*"은 3인칭 여성 단수이고, 아론은 후대에 추가된 것으로 보인다. 모세의 에티오피아인 아내가 정확히 누구를 가리키는지는 알 수 없다. 만일 미디안 사람 치포라라면(탈출 2,21) 에티오피아 여자라는 말은 그녀가 한때 에티오피아에 살았음을 반영하는 것일 수 있다. 에티오피아 출신 아내가 모세의 두 번째 아내였을 수도 있다. 이 구절은 이민족과의 혼인이 유다인 정체성에 끼치는 영향을 우려한 페르시아 시절을 떠오르게 한다(에즈 9,1-10,44). 민수 12장의 맥락에서 미르얌이 이민족 사람과 혼인했다고 모세를 비판한 일은 단순히 서막일 뿐이며, 모세가 야훼와 이스라엘 사이의 주요 중재자로서 지닌 권위에 대한 본격적인 도전이었다. 미르얌은 모세가 야훼와 이스라엘 사이 유일한 중재자로 행세한다고 비난한다(3절). 이런 불평에 야훼는 직접 응답하신다. 먼저 그분은 모세와 미르얌과 아론을 만남의 천막 어귀로 불러내신다. 그리고 구름 기둥 속에 내려오시어, 당신이 예언자들에게는 환시나 꿈속에서 말하지만 모세와는 얼굴을 맞대고 이야기한다고 미르얌과 아론에게 말씀하신다(6-8절). 그리고는 모세가 '신뢰할 수 있는 사람'(역자주: 《성경》은 "나의 온 집안을 충실히 맡고 있는 사람"으로 옮겼다) 이라고 선언하신다. 당신이 그와는 명확하게 직접 이야기하시기 때문이다(7-8ㄱ절). 그 과정에서 모세는 '야훼의 모습까지' 본다(8ㄴ절). 그런 다음 야훼는 미리암과 아론이 왜 모세의 권위에 도전했는지를 묻고(8ㄷ절) 진노하신 후 떠나신다.

이 이야기는 11장에서 모세의 권위가 약화된 것처럼 보이는 상황에 대한 신학적 응답으로 볼 수 있다. 모세만이 '야훼의 모습'을 본다는 사실은 그를 다른 모든 이스라엘 사람보다 높은 위치에 세운다(신명 34,10-12; 참조 탈출 24,9-11; 신명 4,12-15).

모세와 미르얌과 아론에게 내린 이러한 사적 신탁의 공적 증거는 미르얌에게 내린 악성 피부병이라는 하느님의 징벌이다. 이 가족 간의 갈등에서 아론은 자기들이 어리석은 탓에 지은 죄로 벌을 받고 있는 누이 미르얌을 위해 무언가를 해 달라고 동생인 모세에게 부탁한다. 아마도 미르얌이 앞장서서 모세에게 도전했기 때문에 혼자 벌을 받았던 것 같다. 아론이 악성 피부병에 걸렸다면 대사제 역할을 하지 못했을 것이다. 그러므로 편집자들은 아론의 이미지를 훼손하지 않기 위해 그렇게 기록하지 않았다. 16장과 17장에서 본격화할 사제 권력 정치의 위계 문제가 이미 여기서 예고되고 있는 셈이다.

정찰대의 보고와 약속의 땅 점령 실패 13,1-14,45

이스라엘 백성은 북쪽으로 이동해 파란 광야 쪽으로 간다. 13,25에는 더 구체적으로 그들이 카데스로 갔다고 나온다. 그곳이 브에르 세바에서 남쪽으로 약 100킬로미터 떨어진 아인 카데스의 오아시스라면, 파란 광야(13,25)와 친 광야(20,1)의 경계에 위치해 있었을 것이다. 13장의 맥락에서 이 카데스는 약속의 땅 부근이고 그 땅의 남부 지방을 침입할 준비를 할 수 있는 곳에 위치해 있다.

13,1-2에서 야훼는 모세에게 각 지파에서 한 사람씩 뽑아 약속의 땅을 정찰하게 하라는 지시를 내리신다. 이 정찰대원들은 지파의 수장들(2ㄴ.3ㄴ절)로서 1,16에 나오는 모세의 보좌관들과 같은 지위를 지닌다. 그들의 이름은 1,5-15에 나오는 이름과 다르다. 하지만 두

명단에 나오는 지파 순서는 거의 동일하다. 13,4-15에서 모세가 정찰대를 뽑는 과정은 1,5-15보다 더 명확하다(13,3.16). 거기서는 지파별로 수장을 불러내는 절차가 있었다(1,16). 하지만 11,25-26에 나오는 70명의 원로처럼 야훼가 이들 정찰대를 뽑은 것은 분명히 아니다. 신명 1,22.23.27에는 정찰대 파견 계획이 야훼가 아니라 사람에게 온 것이라고 한다.

17-20절에서 이 정찰대에 주어진 임무는 땅을 "정찰*tûr*"하는 것이다. 정탐이 임무였다면 *rgl* 어근이 그러한 활동을 더 정확히 명시했을 것이고(민수 21,32; 여호 7,2; 판관 18,2 참조). 아마도 모세는 열둘이 아니라 한두 사람을 보냈을 것이다. 그보다 이 파견의 목적은 야훼께서 약속의 땅으로 인도하실 것을 확신하는지 지파의 수장들을 시험하는 데 있었던 것 같다. 그러한 시험을 위해서는 각 지파의 대표자들을 보내는 것이 중요했다.

여기에 있는 수장들의 목록이 어디에서 비롯되었는지는 논란 중이다. 신명기 이전에 있던 본문이라는 견해도 있고 기원전 5세기 후반의 편집 과정에서 창작된 본문이라는 견해도 있다. 에프라임 지파의 호세아가 16ㄴ절에서 여호수아라고 나온다는 사실은 13장을 작성할 당시 이 명단이 쉽게 바꿀 수 없는 고정된 형태였음을 시사한다.

17-20절에 있는 임무의 구체적인 목적은 땅의 특성과 현재 인구를 조사하는 것이다. 그곳 백성이 강한가 약한가? 수가 많은가 적은가? 성읍은 개방되어 있는가 요새로 되어 있는가? 땅이 기름진가 메마른가? 나무가 있는가 없는가? 그러므로 정찰대는 지형뿐 아니라 이스라엘 백성이 그 땅을 정복할 가능성에 대해서도 알아내야 한다. 땅

이 비옥하다는 구체적인 증거로 땅의 열매를 조금 가져오라는 요구도 받는다(20절).

21-25절에서 그들이 정탐한 땅의 범위는 두 가지 견해가 결합된 것이다. 22-24절은 유다에 있는 헤브론 지역에 초점을 맞추는 반면, 21절과 25절은 친 광야에서 하맛 어귀 르홉까지 온 땅을 정탐했음을 보여 준다. 후자의 광범위한 영역은 다윗이 다스리던 이스라엘 전성기의 영토와 비슷하다(2사무 24,5-7).

정찰대의 보고에 따르면, 그들이 가져온 포도송이가 보여 주듯 땅은 정말 비옥했다(23-24절). 그곳은 젖과 꿀이 흐르는 땅이었다(27절). 하지만 땅을 정복할 수 있는지 여부를 두고는 비관적이었다. 그들은 그곳 백성이 힘세고 성읍은 거대하고 견고하다고 전한다(28절). 네겝에 살고 있던 아말렉족은 가축을 길렀는데(1사무 15,9) 그 지역 오아시스를 장악하는 데 성공했고(탈출 17,8-16; 민수 24,20; 신명 25,19), 히타이트족은 이전에 아나톨리아에서 이주한 것으로 보인다(창세 23,3-20; 에제 16,3.45 참조). 여부스족은 다윗이 예루살렘을 정복한 당시 그곳에 살고 있었다(2사무 5,8). 아모리족은 기원전 1,200년경에 멸망한 아무르 왕국의 유민遺民으로 주로 요르단강 동쪽에 살았다. 14세기엘 아마르나 서신을 통해 알려진 가나안족은 이집트 속주였던 기원전 2천년대 후반 팔레스티나에 살았던 이들이다. 다른 한편 '가나안'이라는 이름은 '상인'을 의미한다(이사 23,8; 에제 17,4 참조).

정찰대가 땅 정복 가능성을 비관적 어조로 보고하자, 칼렙이 나서서 반박한다. 그는 정찰대 보고 내용의 사실 여부를 따지지 않고, 오히려 이스라엘 백성에게 땅을 정복하러 올라가자고 촉구했다. 다른 정찰대원들은 칼렙의 주장을 헛된 희망으로 치부하고 “그 땅은 주민들을 삼켜 버리는 땅”이고(32절; 참조 에제 36,13-14) 그곳에 사는 이들 중에는 아낙의 자손들의 조상인 거인 같은 나필족도 있다는 소문을 퍼뜨렸다(창세 6,4 참조). 그러므로 그곳은 이스라엘 백성을 “메뚜기”처럼 삼켜 버릴 것이라고 했다(33절; 참조 레위 11,22).

이스라엘 공동체는 밤새 통곡하고 모세와 아론에게 맞선다. 그들이 이스라엘을 위험한 상황으로 이끌었기 때문이다(14,1-2). 백성은 죽었으면 좋겠다는 말로 절망을 표현하는데, 이는 이집트 탈출을 폄훼하고 땅을 정복하려는 모든 노력을 부정하는 것이었다. 4절에서 그들은 “우두머리를 하나 세워 이집트로 돌아가자” 하고 말한다. 이러한 반항적 행위 때문에 모세와 아론은 자신을 낮추어 공동체 앞에 엎드린다. 하지만 정찰대원 가운데 여호수아와 칼렙이 자기들의 옷을 찢고 나서 백성의 반란에 맞선다(6절). 이들은 그 땅이 얼마나 좋은지를 이야기하며 야훼께서 그들과 함께하실 것을 신뢰하라고 백성을 설득한다. 다른 10명의 정찰대원의 보고(13,32 참조)를 뒤집으려는 그들의 시도는 그 땅의 거주민들이 이스라엘 백성의 ‘밥’이 되리라는 말에 집약되어 있다(9절).

모세와 아론, 여호수아와 칼렙의 설득에도 이스라엘 공동체는 그 땅을 쳐들어가지 않으려고 모세와 아론을 돌로 치려 한다(10절). 하지만 만남의 천막에서 “야훼의 영광*kābôd YHWH*”이 이스라엘 백성에게 나타나고, 야훼는 애가에서나 들을 수 있는 언어로 모세와 말씀하신다. 야훼는 그들의 반항적 태도를 당신을 거부하는 것으로 보셨다(11절). 그래서 그들을 쫓아내고 모세를 그들보다 더 위대한 민족으로 만들려 하신다(12절). 이스라엘이 금송아지 숭배를 저질렀을 때도 야훼는 이렇게 하시려고 했다(탈출 32,9-10) 비슷한 방식으로 모세는 중간에 나서서 야훼의 분노를 가라앉히려 애쓴다. 모세는 금송아지 이야기에도 나오는 두 가지 주요 논증을 사용한다. (1) 몸소 이집트에서 끌어내신 이스라엘을 버리신다면 민족들의 눈에 야훼의 명성이 땅에 떨어질 것이다(13-16절; 참조 에제 36,16-36; 39,21-29). (2) 야훼는 분노에 더디고 자비하신 분으로 공경을 받으신다. 야훼가 조상의 죄 때문에 3대 4대까지 벌하신다고 해도, 탈출 이후 계속 그러셨듯이 반항하는 이스라엘을 용서하셔야 한다(18-19절).

야훼는 이스라엘 공동체 전체를 용서하시기로 하신다. 그렇지만 당신을 거부한 이들과 칼렙처럼 온 마음으로 당신을 따른 이들을 구별하신다(20-24절). 광야에서 당신에게 불평한 이들은 광야에서 죽게 하신다. 그분에게 반항한 이들은 1,20-46에 있는 인구조사에서 사열했던 20세 이상 된 이들이었다. 칼렙과 여호수아만이 이러한 징벌에서 면제된다. 그런 뒤에 야훼는 이집트 탈출 2세대에게 땅을 주기로 다시 약속하신다(31절). 야훼가 부모의 죄악을 3대 4대 자손까지 벌하시는 분이라는 말씀은 폐기되지 않는다. 탈출 2세대는 탈출 세대가 모두 죽을 때까지 광야에서 40년 동안 떠돌아다닌다(33절). 40년이라는 계산은 정찰대가 땅을 살피는 데 보낸 40일과 연결된다. 야훼의 권능과 보호를 의심한 날수대로 하루를 1년으로 쳐서 그들과 후손이 광야를 헤매게 된다(34절). 야훼가 내린 판결의 엄중함은 판결의 시작(28절)과 끝(35절)에 사용된 맹세 양식에서 강조된다. 이렇게 약속하신 판결이 시작되었다는 의미로, 야훼는 의심하여 공동체의 신뢰를 무너

뜨린 정찰대원 10명을 치신다(36-37절).

헤브론 지역과 관련해 칼렙이 언급되는데, 이로 인해 13장과 14장의 편집사에 관한 다양한 견해가 생겨났다. 올슨Olson(76)은 13,22-24에 있는 자료를 정찰대 이야기의 초기 형태로 본다. 그 내용은 카데스에서 유다 지파의 땅인 헤브론을 침략한 일에 초점을 맞춘다. 반면 이야기의 최종 형태는 모든 지파를 동등하게 묘사한다고 주장한다. 한편 아헨바흐(2003: 92)는 유다가 에돔의 접경 지역을 다시 통치하게 되었던 페르시아 시대 후기에 칼렙-헤브론 자료가 추가되었다고 본다.

13,16; 14,6.30.38에 언급된 여호수아에 대한 내용은 편집 과정에서 덧붙여졌다. 이 부분은 여호수아를 시나이산에서(탈출 24,13; 33,11) 모압 벌판까지(민수 27,18-23) 모세에게 충실했던 시종으로 그린 사람과 동일한 인물의 편집으로 보인다.

14,39-45: 모세가 탈출 세대는 광야에서 죽을 것이며 후손은 40년간 광야를 방랑해야 한다고 선언한 뒤, 백성은 자기들이 한 선택을 후회하고 이제 남쪽에서부터 약속의 땅을 공격하려 한다(40절). 하지만 그들이 '잘못하였다'고 시인한 것은 단지 생존을 위한 다음 단계로 가는 길에 잠시 실수했다는 진술에 불과한 듯하다. 그들은 야훼께서 자기들 가운데 계시며 보호하고 축복해 주셔야 한다는 사실을 아직 깨닫지 못했다. 모세는 야훼의 명시적 명령 없이 공격하는 것은 불순종이므로 실패할 수밖에 없다고 경고한다(41-42절). 그럼에도 고집스럽게 공격을 했던 이들은 아말렉족과 가나안족에 패하여 호르마라는 곳으로 쫓겨난다. 후에 이스라엘은 이곳을 '완전 봉헌물로 바치

고' 그곳의 이름을 호르마라 했다(21,3).

약속의 땅에서 살면서 지켜야 할 법규들 15,1-41

제의 규정을 다룬 이 부분을 포함함으로써 야훼를 섬기는 것이 이스라엘 백성에게 가장 우선하는 일임을 다시 상기시킨다. 14,29의 판결과 남쪽에서부터 시도한 침공에 실패한 이후, 이스라엘 백성은 자신들에게 약속의 땅에서 살 수 있는 가능성이 아직 있는지 야훼께 답을 들을 필요가 있었다. 광야에서 이스라엘 백성은 이동식 성소의 제단에서 동물을 희생 제물로 바칠 수 있었지만 이런 제물과 함께 바칠 곡식이나 포도주는 없었다. 13-15절에는 이러한 규정들이 이스라엘 본토인*'ezrāḥ*과 거주 이방인*gēr* 모두에게 적용된다고 밝힌다.

1-21절: 고대근동 사회에서는 양을 치면서 농사도 짓는 경우가 흔했다(예를 들어 창세 26,12-24). 이렇게 두 가지 노동 방식에서 나오는 산물은 이스라엘의 제사 체계에 더 분명하게 통합된다. 곡식과 제주를 함께 바치는 경우는 번제물*'ōlâ*과 친교 제물*zebaḥ*이다. 친교 제물은 더 구체적으로 서원 제물*nēder*, 자원 제물*nedābâ*, 또는 축일 때에 올리는 제물로 구분된다(3절). 감사 제물*tôdâ*은 언급되지 않는다. 4-10절에 있는 제의 규정들은 양이나 염소나 소를 바칠 때 동물의 크기에 따라 곡식과 포도주를 얼마나 바쳐야 하는지를 자세히 설명한다(역자주: 단위에 대한 도량형의 기준은 《성경》 도량형 참조).

동물 제물	곡식	기름	제주
어린 양 염소	고운 곡식 가루 10분의 1에파 (약 4리터)	기름 4분의 1힌 (약 1.6리터)	포도주 4분의 1힌 (약 1.6리터)
숫양	고운 곡식 가루 10분의 2에파 (약 8리터)	기름 3분의 1힌 (약 2.2리터)	포도주 3분의 1힌 (약 2.2리터)
수(황)소	고운 곡식 가루 10분의 3에파 (약 12리터)	기름 2분의 1힌 (약 3.25리터)	포도주 2분의 1힌 (약 3.25리터)

날짐승을 바칠 때는 함께 바치는 예물이 없다.

17-21절에 있는 규정들은 날 음식이나 첫 열매보다는 조리를 거친 음식에 해당한다. 야훼는 모세에게 이스라엘 백성이 그 땅에 들어가면(17ㄴ절) 그들이 만든 빵에서 얼마를 '봉헌물*tərûmâ*'로 바치라고 지시한다. 이스라엘 백성은 "처음 반죽한 것"에서 "빵 하나"를 야훼께 바쳐야 한다(20ㄱ절).

22-31절: 규정된 제의를 실행하지 않는 것은 야훼를 업신여기는 것이다. 실수로 제의 규정을 어겼다면 다음과 같은 희생 제물을 바쳐 속죄할*kpr* 수 있다. 온 공동체가 실수로 잘못을 저지른 경우(레위 4,13-21 참조)에는 황소 1마리를 (고운 곡식 가루 약 12리터와 기름 약 3.25리터, 포도주 약 3.25리터와 함께) 번제물로 바치고 숫염소 1마리를 속죄 제물로 바쳐야 한다. 개인이 실수로 잘못을 저지른 경우(레위 4,27-31 참조)에는 1년 된 암염소 1마리를 속죄 제물로 바쳐야 한다. 제의 규정 준수에 태만을 저지른 개인이나 집단의 죄를 용서받는 이러한 방법은

본토인이나 거주 이방인에게 똑같이 적용된다(26.29절). 거주 이방인도 본토인처럼 땅을 더럽힐 수 있기 때문이다(레위 18,24-30 참조).

야훼께 "일부러"(역자주: 히브리어 원문을 직역하면 "높은 손으로") 지은 죄는 희생 제사로 용서받을 수 없다. 이런 사람은 공동체에서 잘려 나가야 한다(30절). 다만 이 징벌을 실제로 집행하시는 분은 야훼이다. 밀그롬(125)은 죄를 지은 이가 회개하면 일부러 지은 죄라도 실수로 지은 죄로 취급될 수 있다고 주장한다.

32-36절: 안식일을 어긴 자에 관한 이야기는 이야기를 통해 규정을 알려 주는 '신탁 내러티브'이다(예를 들어 레위 24,10-23; 민수 9,1-14; 27,1-11; Chavel, 193). 이러한 내러티브의 줄거리와 등장인물은 추상적인 법적 진술의 틀을 잡을 뿐 아니라(민수 9,1-14; 27,1-11 참조) 그러한 법 규정이 생겨난 과정과 순간을 강조한다.

안식일에 나무를 줍던 어떤 사람이 붙잡힌다. 이야기는 이러한 행위가 안식일 규정(탈출 35,2) 위반임을 전제한다. 하지만 이 사람을 모세와 아론과 온 공동체 앞으로 끌고가 가두어 두었을 때(민수 15,32-34) 그에게 어떤 조치를 내려야 하는지는 불분명했다. (1) 그가 한 행위가 '일'에 해당하는지 아닌지 (2) 어떤 방식으로 사형을 집행해야 하는지(탈출 31,14 참조)가 모호했던 것이다. 민수 15,35에서 하느님은 그를 돌로 쳐 죽이라고 판결하시는데(레위 24,10-23; 20,1-5.27 참조), 이는 공동체에서 잘려 나가는 것보다 더 무거운 처벌이다(30-31절 참조). 온 공동체가 진영 밖에서 돌을 던져야 하는데(레위 24,14.16.23), 진영이 부정해지고(민수 19,11.14) 땅을 피로 더럽히지 않기 위함이다(창세 9,5-6; 민수 35,33).

37-41절: 술*ṣîṣit*은 이스라엘 백성이 옷자락에 다는 장식으로 머리카락을 땋아 놓은 모습을 닮았다. 술을 다는 목적은 이스라엘 백성에게 야훼의 계명을 상기시키고 눈과 마음의 욕망에 '끌려' 스스로를 "배신"하는 일이 없게 하는 것이다(39절; 참조 13,32). 4개의 술에는 각각 "자주색 끈"을 다는데, 이 끈은 이스라엘 백성이 거룩함으로 부름받은 임금이요 사제인 백성임을 상기시키는 역할을 한다(레위 11,45; 신명 26,17-19). 라삐 전통에서는 기도할 때 걸치는 숄*tallit*에 달린 술의 숫자 상징 값을 613이라고 보고, 이것이 성경에 있는 계명의 수를 상징한다고 믿는다.*

모세와 아론에 대한 반역 16,1-17,15

두 무리가 모세와 아론의 권위에 도전한다. 한 무리는 레위 지파의 코라가 이끌었고 다른 무리는 르우벤 지파의 다탄과 아비람이 온과 함께 이끌었다(1절). 코라는 성막의 성물을 관리하는 일에 만족하지 않고 사제의 직무 가운데 하나인 분향을 하고 싶어 한다(5-7절). 코라를 따르는 이들은 레위 지파의 수장 250명으로 모세는 이들이 '너무한다'고 비판한다(7ㄴ절). 다탄과 아비람이 이끄는 무리는 사회 정치적 문제를 건드린다. 이들은 모세가 자신들에게 "군주 노릇"을 한다고 비난한다(13절). 결국 반역에 앞장선 이들은 야훼께서 모세를 통해 정하

* 역자주: 히브리어 글자에는 상응하는 숫자 값이 있는데, 술을 뜻하는 히브리어 치칫트의 숫자 값은 600이고 여기에 4개의 술을 이루는 8개의 줄과 그것을 묶은 5개의 겹매듭을 모두 합하여 613으로 이해한다.

셨다고 민수 12,5-9에 나오는 사제 위계와 정치적 위계를 뒤집으려 한다.

16,1-11.16-24.35; 17,1-5: 코라와 다탄과 아비람은 공동체의 수장 250명을 이끌고 모세와 아론에게 맞선다. 이들은 모세와 아론이 공동체 내 사제 위계를 지나치게 확대했고 "거룩한"(3절; 참조 신명 7,6 참조; 레위 19,2) 공동체의 지위를 축소했다고 주장한다. 항의하는 이들이 이 문제를 '누가 거룩한가'에 관한 사안으로 보니, 모세는 분향하는 직무를 맡을 사람을 야훼가 결정하시게 하는 시험을 고안한다. 다음날 코라와 250명의 수장이 무사히 분향을 한다면, 그것은 야훼가 이 사제직을 공동체 내 다른 레위 수장들에게까지 확대하셨다는 표시라는 것이다(4-6절). 코라의 반역은 아론의 지위에 가장 직접적인 영향을 끼치겠지만, 모세는 이 반란이 사실 이러한 위계 질서를 정하신 야훼를 거스른 것이라고 선언한다(11절).

이튿날 코라와 그의 무리는 만남의 천막 어귀에 향로를 가져와 향을 피운다(16-18절). 그러자 야훼의 영광이 나타나시어 모세와 아론에게 이 공동체에서 떨어져 서라고 명하신다. 그들을 모두 없애 버리려 하셨기 때문이다(19-21절). 하지만 모세와 아론은 얼굴을 땅에 대고 엎드려 한 사람의 죄로 온 공동체가 사라져서는 안 된다며 간구한다(22절). 그러자 야훼께서는 모세와 아론에게 명을 내려 공동체가 코라와 다탄과 아비람의 천막에서 물러서게 하신다(23-24절). 향을 바치던 코라의 무리 250명에게 내린 징벌로 야훼에게서 불이 나와 그들을 삼켜 버린다(35절).

이 태워 버리는 불은 향을 바친 이들을 거룩한 영역으로 옮겨

놓았다. 그러므로 야훼는 모세에게 지시를 내리시어 사제인 엘아자르가 청동 향로를 거둔 뒤 그것들을 두드려 펴서 제단에 씌우게 하신다(17,1-3). 이때부터 이 제단을 바라보는 이스라엘 백성은 이 사건을 기억하며 아론 집안의 사제만이 야훼에게 다가가 향을 바칠 수 있다는 사실을 되새긴다(17,4-5).

코라의 반역은 레위 지파 내부의 갈등을 반영한다. 탈출 6,14-27에 있는 족보를 보면, 모세와 아론과 미르얌은 아므람의 자식인데, 아므람은 크핫의 아들이자 코라의 아버지인 이츠하르의 형이다. 아마도 코라는 모세와 아론이 하느님의 명을 받은 것이 아니라 어쩌다 우연히 이스라엘 공동체의 지도자가 되었다고 생각했던 것 같다.

16,12-15.25-34: 16,1.24에서 다탄과 아비람은 코라가 이끄는 반역에 가담한다. 하지만 이 무리는 아론보다 모세의 지도자 지위에 도전했다는 점에서 코라의 반역과 구별된다(12-14절). 정찰대원 10명이 땅 정복을 비관적으로 본 것과 비슷한 어조로, 다탄과 아비람은 모세가 이스라엘 백성의 "눈을 멀게" 하여 광야에서 죽게 만들었다며 비난한다(14절). 모세는 자신이 이끄는 이들 어느 누구에게서도 무언가를 빼앗거나 훔치지 않았다며 자신의 지도자 역할을 변호한다(15절; 참조 1사무 12,1-5).

다탄과 아비람은 모세의 부름에 응하지 않고 "올라가지" 않겠다며 버틴다(12.14절). 그들에게 책임을 묻기 위해 모세는 이스라엘의 원로들을 데리고 그들을 찾아간다(25절). 그런 다음 공동체에게 코라와 다탄과 아비람의 천막에서 물러서라고 한다. 이제까지 모세가 해온 일은 전부 야훼께서 맡기신 일이라는 징표로 땅이 다탄과 아비람과 그들의 가족 그리고 모든 재산을 삼켜 버린다. 모세에게 '올라가지' 않았던 다탄과 아비람은 이제 산 채로 저승으로 '내려가게' 된다(30.33절). 르우벤 지파인 다탄과 아비람의 반역 이야기는 이들이 요르단 동쪽에 정착한 지파들 가운데 하나로 요르단 서쪽 정벌에 참여하기를 꺼렸던 사실과 관련이 있을 것이다(민수 32,1-15 참조).

17,6-15: 그러자 "이스라엘 자손들의 온 공동체가 모세와 아론에게 … 투덜거렸다"(17,6). 코라와 다탄과 아비람과 그 무리를 죽였다는 이유였다. 공동체가 몰려오자, 구름이 만남의 천막을 덮고 야훼의 영광이 나타난다. 야훼는 모세와 아론에게 백성에게서 물러서라고 지시하신다. 곧 공동체를 없애려 하셨기 때문이다. 하지만 모세와 아론은 얼굴을 땅에 대고 엎드린다. 그리고 모세는 아론에게 말하여 "제단 위에 있는"(11절) 불을 향로에 담고 향을 피워 이미 백성을 치기 시작한 재앙을 막게 한다. 이렇게 향을 액막이 용도로 사용하는 모습은 문 상인방에 피를 발라 파괴자를 막는 기능과 유사하다(탈출 12,23). 파괴자는 옳고 그름을 따지지 않는 힘을 뜻하는데, 이런 힘은 오직 피와 향, 또는 다른 제의적 수단으로만 제압할 수 있다(Milgrom, 141). 여기에서 제의적 수단은 하느님의 분노를 '누그러뜨리는 *kpr*'(12절; 역자 주: 《성경》은 "속죄 예식"으로 옮겼다) 데 성공한다. 향을 피워 사제 아론이 "죽은 이들과 산 이들 사이에 서자"(13절) 재난이 그친다. 이 사건으로 이스라엘 백성 14,700명이 죽는다(14절). 향을 피워 재난을 그치게 한 일로 아론의 권위가 확인된다. 이로써 12장에서 있었던 일로 모세에 비해 약해진 그의 지위도 어느 정도 회복된다.

아론의 지팡이 17,16-26

아론의 권위 문제는 아론의 지팡이에 꽃이 피는 다음 이야기로 이어진다. 모세는 각 "집안*bêt 'āb*"(18절; 여기에서는 '지파'라는 뜻)의 수장에게 지팡이*maṭṭeh*를 하나씩 가져와 자기 지파의 이름을 쓰게 한다. 레위 지파의 경우에는 아론의 이름을 썼다. 이 지팡이들은 증언판을 모신 천막 안 야훼 앞에 놓인다(23절). 다음날, 마치 살아 있는 나무처럼 아론의 지팡이에서 싹이 나고 꽃이 피고 편도 열매가 달린다. 이는 하느님의 축복으로 여겨진다. 그 후로 아론의 지팡이는 증언판을 모신 천막에 보관되어 이스라엘의 반역자들에게 아론의 권위에 도전하지 말라고 경고하는 표징이 된다(25절).

사제와 레위인의 직무와 특권 17,27-18,32

16장과 17장에서 반역자를 처벌한 일로 이스라엘 백성은 성막에 다가갈 때 야훼에게 극심한 공포를 느낀다(17,27-28). 이에 야훼는 성막에 침입자가 없도록 레위인들이 어떻게 해야 하는지를 아론에게 직접 가르쳐 주신다.

아론의 후손들은 성소에 대한 최종 책임을 져야 한다(1절). 이들은 하느님의 진노가 이스라엘 백성에게 내리지 않게 해야 한다. 레위인들은 아론계 사제들을 돕는 역할을 한다(2-3.6절) 하지만 제단이나 성소의 기물 가까이 가서는 안 된다(3-4ㄱ절). "속인"은 가까이 와서는 안 된다(4ㄴ절). 레위인들은 성소 정문을 지키는 무장 경비대와 같은 역할을 한다.

18,8-20: 야훼는 아론의 후손들에게 사람들이 성소에 바치는 모든 예물을 관리하게 하신다(8절). 사제들은 "가장 거룩한 것", 다시 말해 "모든 곡식 제물과 모든 속죄 제물과 모든 보상 제물"(9절)을 받는다. 사제들은 이 제물들을 '가장 거룩한 곳에서'(역자주: 《성경》은 "가장 거룩한 것으로 알고"라고 옮겼다) 먹어야 한다(10절).

아론계 사제들은 다음과 같은 예물도 받는데, 집안의 모든 이가 정결한 상태에 있는 한 그것을 먹을 수 있었다(11절). (1) 들어 올려 바친 예물 중 사제의 몫인 가슴 부위와 오른쪽 넓적다리(11.18절; 참조 탈출 29,27-28; 레위 7,31-34; 10,14-15) (2) 가장 좋은 햇기름과 햇포도주와 곡식(12절; 참조 레위 2,12; 민수 15,20-21; 신명 18,4) (3) 모든 곡식의 "맏물"(13절) (4) 완전 봉헌물 모두(14절). 그 가운데 모든 정결한 짐승은 봉헌하지만(17절) 부정한 짐승과 사람은 대속해야 한다(15-16절). 거룩한 봉헌물을 이런 식으로 분배하도록 하느님이 정하신 규정은 영원하다. "소금 계약"이라는 말은 그러한 영속성을 상징하는 표현이다(19ㄴ절; 참조 레위 2,13; 에제 43,24).

18,21-32: 레위인들은 레위 27,30에 있는 사제 전통을 따라 모든 수확물의 십일조를 성소에서 복무한 일에 대한 보상으로 받는다(21절). 하지만 신명기는 오직 곡식과 포도주, 기름에만 십일조를 부과한다(신명 14,23). 원래 십일조는 임금에게 바치는 일종의 세금이었다(1사무 8,15.17).

매년 십일조를 받으면 레위인들은 "십일조에서 십일조"를 떼어 아론계 사제들을 통해 야훼께 바쳐야 한다(26-28.31절). 이때 자기들이 받은 것에서 "가장 좋은 것"을 바쳐야 한다(29.30절). 나머지는 마음대로 사용할 수 있다. 십일조를 거룩한 영역에 가지고 들어가지 않는다. 그러니 레위인과 그 집안 사람들은 아무 곳에서나 그것을 먹어도 된다(31절).

주검 때문에 부정하게 되었을 때 정화하는 법 19,1-22

코라와 다탄, 아비람이 주도한 반역에 가담한 이들의 처벌로 진영에 죽은 이들이 생겨났다. 야훼께서 머무르시며 이스라엘을 강복하시는 곳인 성막은 죽음에서 떨어져 있어야 하고, 죽음의 영향이 일부 드러나는 상태(부정함)도 피해야 한다. 진영 밖(속俗의 영역)에서 죽음은 자연스러운 현상이다. 하지만 진영 안(성聖의 영역)에서는 그것을 치워 버려야 한다. 진영 밖에 부정함이 있을 때 문제는 그것이 바람을 타고 제단의 뿔로 이동할 수 있다는 것이다(Milgrom, 444-447). 이러한 부정함을 없애지 못하면 그것이 쌓여 야훼의 현존을 불가능하게 할 것이다. 그러므로 진영 안팎에서 부정함을 정화할 제의적 수단이 필요하다. 민수 5,1-4은 진영에서 추방해야 하는 세 가지 형태의 부정함을 규정한다. 곧, 악성 피부병과 생식기 고름, 그리고 주검 접촉이다. 앞의 두 가지 경우에 정화하는 의식은 레위 12-15장에 상세히 제시된다. 주검에 닿은 경우에 정화하는 수단은 여기(19장)에서 처음 다루는데, 이는 가나안 토착 종교에 맞서는 구체적 방법이 된다.

1-10절: 주검에 닿은 사람이나 물건을 정화할 때 사제가 주로 하는 일은 붉은 암소의 재를 마련하는 것이다. 야훼는 모세와 아론에게 지시를 내려 흠 없고 멍에를 메어 본 적이 없는 붉은 암소 한 마리를 구해 사제 엘아자르에게 가져다주고 진영 밖으로 그것을 끌고 가 엘아자르 앞에서 잡으라고 하신다(2-3절). 짐승의 붉은 색은 재 속에 피의 양을 더하기 위한 상징이었다. 엘아자르는 손가락으로 그 피를 찍어 성막 앞쪽으로 일곱 번 뿌린다(4절). 이는 주검에서 나오는 부정함에서 성막을 정화하려는 제의적 몸짓이다(레위 16,15 참조). 다음으로 암소를 가죽과 고기와 피와 내장에 든 것과 함께 불사른다(5절). 그런 뒤에 향백나무와 우슬초와 다홍색 천도 그 불에 넣는다(6절; 참조 레위 14,4.6.49.51-52). 사제는 자기 옷을 빨고 몸을 씻은 뒤에 다시 진영에 들어갈 수 있다. 다만 저녁까지는 부정한 상태로 남는다(7절). 마찬가지로 붉은 암소를 불사른 이도 자기 옷을 빨고 몸을 씻으며 저녁까지 부정한 상태로 지낸다. 정화 제사에 이와 같은 변화(17절)를 주는 목적은 주검에 닿은 사람이나 물건을 정화하는 데 사용할 재를 얻는 것이다. 그러므로 재를 모아 정결한 장소에 보관하여 필요할 때 사용할 수 있게 해야 한다. 붉은 암소를 사르는 일에 참여하지 않아 제의적으로 정결한 사람이 재를 모아 깨끗한 곳에 두어야 한다(9절). 그런 뒤에 이 사람은 자기 옷을 빨고 저녁까지 부정한 상태로 머문다(10절).

11-22절: 주검에 닿은 사람이나 물건은 7일간 부정하다고 여겨진다. 주검, 뼈, 무덤에 닿거나(11.16절) 천막같이 폐쇄된 공간에서 누군가 죽었을 때 그곳에 있기만 해도 부정해진다. 후자의 경우에도 죽

음이 감염된다고 보는 논리는 부정함이 지붕에 갇혀 위로 올라가지 못한다는 것이다. 그러므로 천막에 있는 모든 이와 그 안에 있는 덮개 없는 그릇은 모두 주검 때문에 부정해진다(14절; Milgrom, 161). 주검 때문에 부정해진 사람은 3일째와 7일째 되는 날에 자신을 정화해야 한다. 그렇게 하지 않으면 성막을 부정하게 만들며, 공동체에서 잘려 나가는 처벌을 받을 수 있다(13절).

이러한 정화 예식을 집전하는 이는 사제든 아니든 정결해야 한다. 붉은 염소를 태우고 남은 재는 그릇에 담아 생수와 섞어야 한다(18절). 그런 뒤에 우슬초로 이 물을 찍어 부정하게 된 사람이나 기물에 뿌려야 한다. 이런 예식은 정화 기간이 시작하고 3일째 되는 날과 7일째 되는 날에 해야 한다. 7일째 되는 날에는 주검에 닿은 이는 자기 옷을 빨고 몸을 씻은 뒤 저녁까지 부정한 상태로 머문다(19절). 부정하게 된 이에게 물을 뿌린 집전자들도 자기 옷을 빨고 저녁까지 부정한 상태로 있는다(21절). 주검의 부정함은 사람이나 사물에 옮길 수 있다. 이런 일이 일어나면 그 사람이나 사물은 저녁까지 부정하다(22절). 이 정화 예식에 사제가 아닌 이가 참여한다는 사실은 성막을 보호해야 할 책임이 오로지 아론계 사제와 레위인들에게만 있지 않았음을 드러낸다.

카데스에서 모압 벌판으로 20,1-21,35

시나이에서 카데스까지 이어진 행진(10,11-14,45)은 하늘을 찌를 듯

높은 사기로 시작했으나 재앙으로 끝났다. 이제 이스라엘 백성은 파란 광야(13,26)와 친 광야(20,1) 접경에 있는 곳으로 보이는 카데스를 떠나야 한다. 14,25에서 이스라엘 백성은 갈대 바다 쪽 광야로 가라는 지시를 받았다. 하지만 이 여정은 곧장 가는 길이 아니라 빙빙 돌아가는 길이었다. 그래서 20,1에 다시 카데스에 이르게 된다. 아마도 광야를 배경으로 내러티브와 법규를 담고 있는 15,1-19,22은 카데스 주변 어딘가에서 일어난 일들을 기록한 것으로 보인다.

카데스에서 모압 벌판으로 가는 행진은 재앙으로 시작되었으나 큰 기대 속에서 마무리된다. 20장과 21장의 내용은 지도자들의 실패(20,1-13.24; 21,4-9)와 이스라엘이 다른 민족의 영토를 지나가려 할 때 맞닥뜨린 저항(20,18.21; 21,1.23.33)을 전한다. 그럼에도 불구하고 야훼는 이스라엘 백성에게 물을 마련해 주시고(20,7-11; 21,16-18) 불 뱀에 물린 이들을 고쳐 주시며(21,8-9) 전투에서 이기게 해 주신다(21,3.21-35).

20,1-13: 탈출 세대는 광야에서 죽으리라는 야훼의 판결(14,22-23)에 따라 미르얌이 죽어 묻힌다(20,1). 이런 기록은 예언자이자 공동체 지도자라는 그녀의 지위에 흔들림이 없었음을 보여 준다.

시나이를 떠나고 얼마 되지 않아 백성은 다시 불평을 했고, 이에 압박을 느낀 모세는 인내심을 잃어 갔다. 이집트에서 먹던 대로 먹게 해 달라는 백성의 항의에 응수하는 모세는 백성만큼이나 반항적인 모습을 보였다(11,4-15). 그 이야기에서 모세는 불평하는 이스라엘 백성이 지우는 짐을 지기보다는 차라리 죽고 싶다고 말했다(11,15). 이제 내러티브 시간narrative time 속에서 38-40년 뒤 모세는 물과 다양한 음식을 요구하는 백성 때문에 또다시 인내심을 잃을 위기에 놓인다(20,5). 여기에서 백성은 차라리 정찰대(14,37)나 코라와 다탄과 아비람 사건의 반역자들(16,31-33.35)과 함께 광야에서 죽었더라면 좋았겠다는 마음을 드러낸다.

20,2-13에 나오는 이야기의 기본 구조는 물을 달라는 요구로 촉발된 탈출 17,1-7과 비슷하다. 모세와 아론이 야훼께 탄원하자 야훼의 영광이 나타나 모세에게 (1) 지팡이를 집어 들고(8절; 참조 탈출 17,5; 7,19-20) (2) 아론과 함께 공동체를 불러 모으라고 지시하신다. 그런 뒤에 야훼는 모세에게 다음과 같이 명하신다. "그들이 보는 앞에서 저 바위더러 물을 내라고 명령하여라. 이렇게 너는 바위에서 물이 나오게 하여, 공동체와 그들의 가축이 마시게 하여라"(8절). 탈출 17,6에서 야훼는 모세에게 "네가 그 바위를 치면 그곳에서 물이 터져 나와, 백성이 그것을 마시게 될 것이다" 하고 말씀하셨다. 하지만 20,2-13에서는 모세에게 바위를 치라는 말씀을 하지 않으신다. 이스라엘 백성에게 모세가 얼마나 좌절감을 느꼈는지는 그들을 "반항자"(10ㄴ절)라고 부르는 모습에서 잘 드러난다. 계속해서 모세는 "우리가 이 바위에서 너희가 마실 물을 나오게 해 주랴?" 하고 말하는데, 이 지점에서 결정적인 실수를 저지른 것으로 보인다. 물을 나오게 하는 데서 자신의 역할을 과대평가한 것이다(Milgrom, 165). 모세의 잘못은 야훼가 그를 위해 하시는 일들에 충분히 주의를 기울이고 그분을 신뢰하지 못한 데 있으며(12절), 그 결과 자신의 능력에 의존하는 태도를 취하게 된 것이다. 이 잘못은 정찰대원 10명과 그들의 말을 들은 탈출 세대가 저지른 잘못과 비슷하다. 그러므로 모세는 아론과 더불어 자신이 탈출 세

대와 다를 바가 없음을 드러냈고 그 때문에 약속의 땅에 들어갈 수 없었다(12절). 그의 실수는 공적인 것이었기에 벌을 피할 수 없었다. 이와 대조적으로 신명기는 책임을 백성에게 돌리고 모세를 면책한다(신명 1,37; 3,26; 4,21).

20,14-21: 이스라엘 백성은 에돔을 지나 요르단 서쪽으로 가려고 하기 전에 야훼께 문의하지 않았던 것으로 보인다. 모세는 카데스에서 에돔 임금에게 사자들을 보내며 그를 "형제"라 부른다(14절). 모세는 사자들에게 형제인 자신들이 겪은 어려움을 근거로 에돔 임금에게 호소하게 한다. 이집트인들이 그들에게 고된 노동을 시켰고, 이스라엘 백성이 야훼께 부르짖자 그분이 그들을 이끌어 내셨다는 것이다. 이제 그들은 카데스에 진을 치고 그저 에돔 땅을 가로질러 건너가길 원한다. 이스라엘 백성은 임금의 큰길을 벗어나지 않고 밭이나 포도원에서 어떤 것도 따지 않으며 값을 치르지 않고서는 우물 물도 마시지 않겠다고 약속한다(14-19절). 하지만 에돔 임금은 그들의 요청을 거절하고 대군을 이끌고 나와 맞서려 했다(20절; 참조 창세 32,7-9).

20,22-29: 이집트에서 탈출하고 40년이 되는 해 다섯째 달 초하룻날 아론이 광야에서 죽는다(33,38). 이는 므리바에서 모세와 함께 잘못을 저지른 결과로 여겨진다(24절). 백성이 보는 앞에서 아론의 옷을 엘아자르에게 입히는 예식은 사제로서 이스라엘을 이끄는 역할이 이양되었음을 확인하는 의미 있는 예식이었다(탈출 29,5-9.29-30; 레위 8,6-9.13). 아론이 호르산에서 세상을 떠나자 이스라엘의 온 집안은 30일간 곡을 한다. 사실 이스라엘에 정해진 애도 기간은 7일이었다(창세 50,10; 1사무 31,13). 아론의 죽음은 약간의 신비감에 싸여 있는

데(민수 27,12-14), 이는 모세의 죽음이 어떠할지를 미리 짐작하게 한다(신명 34,1-8; Milgrom, 171).

21,1-3: 이스라엘이 아랏에서 승리를 거둔 이야기는 시나이를 떠난 뒤 처음으로 일어나는 긍정적 사건으로, 모세의 죽음 내러티브를 잠시 중단시킨다. 이 이야기는 유다 남부 지방의 정복에 관한 전승을 보여 준다. 뢰머는 이것이 단순히 이스라엘이 호르마에서 당한 패배(민수 14,40-45)를 바로잡기 위해 만들어 낸 문학적 구상이 아니라고 주장한다(Römer, 32). 오히려 이 이야기는 아랏에서 가나안인들을 상대로 거둔 승리의 기억을 보존한다. 이스라엘은 아타림 길로 이동하다가 아랏 임금의 공격을 받아 백성 일부가 포로로 잡혀 간다. 그러자 이스라엘 백성은 이 가나안인들을 자신들에게 넘겨주시면 이 지역의 성읍들을 완전 봉헌물로 바치겠다고 야훼께 서원한다(2절). 야훼께서 그들의 요청을 들어주시자, 그들은 이 장소를 '완전 봉헌물로 바친다'는 의미를 담아 호르마라고 부르게 된다(3절). 이 승리는 이집트 탈출 이후 이스라엘의 전운戰運에 전환점이 된다.

21,4-9: 이스라엘 백성은 호르산을 떠나 에돔 땅을 돌아서 이동하면서 모세뿐 아니라 하느님을 향해서도 불평하기 시작한다(4-5절). 그러자 야훼는 그들에게 치명적인 불 뱀들을 보내셨고, 많은 이스라엘 백성이 물려 죽었다. 이에 이스라엘 백성은 모세와 야훼께 죄를 지었다고 고백하고 모세에게 자신들을 위해 중재해 달라고 청한다(7절). 야훼는 그들의 간청을 받아들이고 모세에게 구리 뱀을 만들어 기둥 위에 달아 놓도록 명하신다. 뱀에 물린 이들은 그것을 보고 치유를 받았다(8-9절). 이 날개 달린 뱀은 생명과 죽음을 상징하는 이집트의 우

라에우스uraeus 코브라를 닮았다. 이 뱀은 강한 자를 쓰러뜨릴 수 있지만, 생명 회복의 표지로 허물을 벗기도 한다.

21,10-20: 10-11절의 여정은 이스라엘 백성이 어떻게 호르산을 떠나 오봇을 거쳐 이예 아바림으로 이동했는지를 들려준다. 이스라엘 백성은 제렛 개천으로 갔다가(12절) 아르논으로 간다(13절). '야훼의 전쟁기'에 실려 있는 14-15절의 운문은 모압의 여러 장소를 언급한다. 이스라엘 백성은 다시 브에르로 향하는데, 그곳에서 야훼는 그들에게 물을 주겠다 하신다(16절). 17-18절에 있는 '우물의 노래'는 우물을 파는 비용을 지원한 귀족들을 칭송한다. 그 후 여정은 브에르에서 나할리엘로, 나할리엘에서 바못으로, 바못에서 피스가산 꼭대기 부근에 있는 모압의 골짜기로 이어진다(23,14 참조).

21,21-32: 이스라엘 백성은 아모리 임금 시혼에게 사자들을 보내어, 에돔 임금에게 전했던 것과 똑같은 불침략의 메시지를 전한다. 시혼은 요청을 거절한 뒤 군대를 이끌고 광야로 나와 야하츠에서 이스라엘과 싸운다(23절). 그러자 이스라엘 백성이 큰 승리를 거두고 아르논에서 야뽁강까지, 곧 야하츠에 이르기까지 시혼의 영토를 차지한다(24절). 야뽁강은 암몬에서 발원하여 북쪽으로 흐르다가 서쪽으로 90도 꺾이져 미침내 요르단강으로 흘러든다. 그러므로 야뽁강은 암몬 왕국의 서쪽 경계이며 시혼과 옥 왕국의 경계이다(24절). 원래 모세는 요르단 서쪽에 정착할 계획이 없었지만 시혼에게 승리하며 생각이 바뀐다(신명 2,24-37; 판관 11,19-27). 27-30절에 있는 승전가는 이전에 모압이 차지하고 있던 아르논 북쪽 지역을 시혼이 정복한 이야기를 들려준다(26절). 아마도 이곳이 영토 분쟁 지역임을 알리기 위해

삽입된 것 같다.

21,33-35: 시혼에게 거둔 승리로 요르단강에 이르는 길이 열린다. 그러므로 이스라엘 백성은 옥에게 사자를 보내지 않는다. 이스라엘 백성이 바산을 향해 북쪽으로 이동하자 옥이 그들과 싸우러 나온다. 34절에 따르면 야훼는 이스라엘이 옥의 영토를 차지할 것이라 선언하신다. 여기에서 요르단강 동쪽의 아르논 북쪽 지역이 약속의 땅의 일부라는 신명기계의 입장이 드러난다. 이는 요르단강이 약속의 땅의 동쪽 경계라는 사제계의 입장(민수 34,12; 여호 22,19)과 다르다. 옥의 영토 정복에 대한 신명기계의 견해는 시혼의 영토와 마찬가지로 옥의 영토에도 헤렘*ḥerem*이 부과된다는 것을 언급함으로써 계속된다.

모압 벌판에서 약속의 땅으로 이동 준비 22,1-36,13

발라암 이야기 22,1-24,25

광야 여정이 끝나 갈 무렵, 이스라엘 백성은 예리코 맞은편 모압 벌판(22,1; 참조 신명 1,5)에 있는 시팀(25,1)이라는 곳에 진을 친다. 22-24장에는 이스라엘 백성과 모압인들의 충돌이 외국인의 관점에서 서술된다. 모압 임금 발락은 이스라엘 백성의 수가 많아 두려워했다. 그는 이스라엘 백성을 두고 모든 것을 삼켜 버리는 황소를 떠올린다. 이런 위협에 맞서기 위해 발락은 축복과 저주를 비는 능력이 입증된 예언자 발라암의 도움을 얻고자 한다(22,6). 발라암은 상부 시리아 유프라테스 강변에 위치했으리라 짐작하는 "강가 아마우인들의 땅에 있는 프토르"에 살았다(22,5). 그에 대한 소개는 요르단 서쪽 암몬 지역에서 출토된 기원전 8세기 데이르 알라*Deir 'Alla* 명문(역자주: 요르단의 발카 지역에서 발굴된, 벽에 쓰여 있던 글)에 나오는 예언자 발라암의 모습과 일치한다. 여기에는 발락이 발라암을 설득하여 이스라엘 백성을 저주하게 하려 하지만, 발라암은 자신을 이끄시는 하느님의 목소리에 귀 기울이며 그분이 주시는 말씀만 전한다는 내용이 담겨 있다.

발라암 내러티브 안에 있는 긴장들은 여러 자료가 사용되었음을 짐작하게 한다. 예를 들어 22,20에는 하느님이 밤중 신탁을 통해 발라암이 발락에게 가는 것을 허락하시지만, 막상 그가 가려고 하자 화를 내신다(22,22). 이런 모순은 나귀 이야기(22,22-40)가 아마도 유배 이후에 원래 내러티브에 통합되었음을 시사한다. 이야기의 구성 요소들은 기원전 9세기 초까지 거슬러 올라가며, 원래 내러티브는 아마도 기원전 7세기에 형성된 것으로 보인다(Levine, 2.237).

첫 번째 주요 단락(22,1-40)에서 발락은 발라암에게 돈을 주고 원하는 것을 얻으려 한다. 첫 번째 시도에서 그는 모압과 미디안의 원로들을 보낸다(22,7). 발라암은 하느님의 뜻을 여쭙는 동안 밤새 기다려 달라고 요청한다(8절). 하느님의 주된 응답은 이야기 내내 일관되다. "그 백성은 복을 받은 백성이니 저주해서는 안 된다"(12ㄷ절) 하느님은 발락에게 가지 말라고 발라암에게 지시하신다. 하지만 발락은 더 높은 대신들을 더 많이 보내어 그가 요구하는 모든 것은 다 들어주겠다고 밝힌다(17ㄱ절). 발라암은 '나는 야훼 나의 하느님의 분부를 어기고서는' 아무것도 할 수 없다고 대답한다(18ㄴ절). 그날 밤 발라암이 한 번 더 하느님의 뜻을 묻자 하느님은 발락의 사자들과 가는 것을 허락하신다. 다만 오직 당신이 이르는 말만 전하라는 조건을 붙이신다(20절).

발라암의 나귀 이야기는 하느님께서 발라암이 발락에게 가기를 원치 않으셨다는 주장에 바탕을 둔다(22절). 하느님의 이러한 뜻은 길을 막고 선 야훼의 천사를 본 나귀를 통해 전달된다(23절). 고대근동에서 나귀는 점을 치는 매개체로 사용되었다. 이 이야기에서 하느님의 현존은 밤에 발라암에게 하신 "말씀"(20ㄴ절)이 아니라 야훼의 천사를 통해 드러난다. 아마도 점술 방식과 신의 이름의 차이가 모순된 반응을 초래했을 것이다. 나귀는 하느님의 메시지를 들을 준비가 되어 있었지만 발라암은 그렇지 않았다. 발라암은 나귀가 길을 벗어났을 때(23절), 포도원 벽에 자신의 발을 스치게 했을 때(25절) 길 가운데 주저앉았을 때(27절) 나귀를 때렸다. 그러자 야훼는 나귀가 말을 할 수 있게 하셨고, 나귀는 발람에게 자신을 세 번이나 때린 일을 책망했다. 하지만 발라암은 자기에게 칼이 있었으면 나귀를 죽였을 것이라고 답한다(29절) 그 순간 야훼는 발라암을 죽이려고 칼을 들고 있는 야훼의 천사를 보게 하신다. 그러자 발라암은 나귀가 자신을 구했음을 깨닫는다(31-33절). 발라암은 잘못을 뉘우치고 집으로 돌아가려 한다. 하지만 야훼의 천사가 발락에게 가라고 지시한다. 나귀를 통해 하느님과 이렇게 만나게 되자 발라암은 오로지 하느님께서 원하시는 것만 말하겠다고 더욱 굳게 다짐한다.

두 번째 주요 단락(22,41-24,13)에서 발락은 발라암이 이스라엘 백성을 저주게 하려고 세 번을 시도하지만(22,41-23,12; 23,13-26; 23,27-24,13) 실패한다. 이 세 번의 시도에는 여섯 가지 공통 요소가 있다. (1) 발락이 발라암을 높은 곳, 곧 바못 바알(22,41), 피스가산 꼭대기(23,14), 프오르산 꼭대기(23,28)에 데려간다. (2) 발라암은 발락에게 일곱 제단을 쌓고 제단 하나에 황소 1마리와 숫양 1마리를 준비해 달라고 요청한다(23,1-2; 23,14; 23,29-30). (3) 발라암은 처음 두 번의 시도에서는 야훼의 뜻을 알기 위해 잠시 자리를 떠난다(23,3; 23,15-16). 하지만 세 번째 시도에서는 그저 광야 쪽을 바라본다(24,1). 그러자 "하느님의 영"(24,2)이 그에게 내린다. (4) 그런 뒤에 발라암은 이스라엘 백성에게 장황하게 축복을 선포한다(23,7-10; 23,18-24; 24,3-9). (5) 발락은 축복을 못마땅하게 여기다가(23,11; 23,25) 결국 화를 낸다(24,10-11). (6) 발락은 야훼께서 자신에게 말씀하신 것만 말해야 했다고 거듭 자신을 변호한다(23,12; 23,26; 24,12-13). 이 세 번의 상황 모두에서 발락은 발라암이 이스라엘 백성을 바라보기를 원했다. 마치 그들이 어떻게 보이느냐에 따라 그의 저주가 마술처럼 효과를 발휘할 수 있으리라고 믿는 듯했다. 그러나 발라암은 이스라엘 진영을 하느님에게 축복을 받은 공동체로 여겼기에(23,9) 발락은 그가 진영의 일부만을 보기를 원했다. 하지만 발라암은 이스라엘을 점점 더 웅대한 윤곽으로 본다. 그는 이스라엘을 다채롭고 생동감 넘치는 무수한 먼지 구름(23,9-10), 지치지 않는 암사자(23,24), 강가의 동산, 나무, 물, 강(24,5-7)으로 보았다. 발락은 화를 내며 발라암을 돌려보낸다(24,10-11). 그러자 발라암은 자신은 오직 야훼께서 명하신 말만 할 수 있다고 응수한다(24,12-13).

세 번째 주요 단락(24,15-25)에서 발라암은 이스라엘이 모압과 에돔 위에 오를 것임을 예견하는 신탁을 전달함으로써 발락에게 따끔한 작별 인사를 한다. 신탁의 시작 부분(15-16절)은 앞의 신탁(3-4절)을 되풀이하며, 발라암이 신적 통찰과 지식의 은총을 받았음을 강조한다. 이 두 행에서 언급되는 하느님의 이름은 엘*'ēl*, 샤따이*šadday*, 엘룐*'elyôn*이다(역자주: 《성경》은 각각 "하느님", "전능하신 분", "지극히 높으신 분"이라고 옮겼다). 이들은 기원전 7세기 후반 배타적 유일신론이 등장하기 전 야훼와 함께 섬김을 받던 서부 셈족의 신들로 보인다(Levine, 2.196, 226). 발라암은 "야곱에게서 별 하나가 솟고 이스라엘에게서 왕홀이 일어"나는 것을 본다(24,17). 전승의 가장 초기 단계에 최고 권력을 상징하는 이런 천체 이미지는 다윗이 요르단 동쪽을 다스린다는 의미로 해석되었다. 사해 문서에서는 이런 이미지들이 메시아 예언으로 여겨진다(〈다마스쿠스 문서*CD*〉 7,18-21). 교부들의 해석에서는 24,17의 별이 보통 마태 2,2.7-10에 등장하는 동방박사의 별과 연결된다(예를 들어 순교자 유스티누스, 《첫째 호교론 *1 Apol*》, 32).

발라암은 이스라엘이 이 땅에서 굳건히 자리 잡으리라 예견한다. 네 번의 신탁을 전달하면서 예언자로서 발라암의 위상은 점점 더 높아진다. 그는 먼저 하느님께서 저주하지 않으신 것을 자신도 저주할 수 없음을 인정하고(23,8) 하느님께서 이미 강복하신 것을 되돌릴 수 없음을 밝힌다(23,20). 더 나아가 전능하신 분의 환시를 보고(24,3-4) 지극히 높으신 분의 지식을 알게 된다(24,15-16).

바알 프오르에서 저질러진 우상숭배 25,1-18

1절에서 "불륜"이라 지칭된 죄는 이스라엘 백성과 야훼의 배타적 관계를 침해하는 행위를 가리킨다. 주로 문제가 되었던 행위는 성적 행위라기보다는 이민족과 혼인하는 일이다. 혼인 후 모압 여인들의 신(곧, 프오르의 바알)에게 드리는 제사에 참여하는 것은 야훼와 맺은 계약 관계를 위반하는 것이다(2-3절). 이스라엘 백성이 모압의 신에게 제사를 드리는 것은 모압 혈통에 결합된다는 뜻이고, 이는 야훼의 진노를 부르는 계약 위반이었다(3절). 야훼는 모세에게 "백성의 우두머리들을 모두" 공개적으로 나무에 달아 죽이라 명하셨다(4절). 이는 시신이 짐승이나 새들의 먹이가 되는 형벌이었다(2사무 21,5-10 참조). 하지만 모세는 이스라엘의 판관들에게 오직 죄 지은 이들만 죽이라고 지시한다(5절).

그때 시메온 지파에 속하는 집안의 수장인 지므리가 미디안 부족의 우두머리의 딸인 코즈비를 공개적으로 데려온다. 이는 미디안 사람과의 혼인을 온 사방에 알리는 것과 다름없었다. 이 일로 이스라엘 사람 2만 4천 명이 죽는 재난(6.9절)이 일어난다. 이를 막기 위해 피느하스가 지므리와 코즈비를 창으로 찔러 죽인다(7-8절). 이렇게 과격한 행위가 야훼의 진노를 누그러뜨리고 이스라엘에 속죄를 가져다주었다고 한다(10-13절). 피느하스는 이런 행동으로 "영원한 사제직의 계약"이라는 상을 받는다(13절). 바알 프오르에서 일어난 우상숭배 사건에 미디안인들이 연루된 일은 이후 이스라엘과 미디안 사이의 극단적 적대 관계를 정당화하는 기반이 되었다(17-18절).

바알 프오르에서 벌어진 우상숭배 사건과 관련된 이야기들은 신명기계 문서와 사제계 문서 이후에 추가된 내용이다. 이는 에즈라와 느헤미야 시기에 이민족과의 혼인을 둘러싼 논쟁, 특히 아라비아 사람 게셈으로 인한 위협을 반영한다(느헤 2,19; 6,1). 역설적으로 제2성전기에 사제들은 오히려 이민족과의 혼인 금지를 지키지 못해 이스라엘의 제의적 차별성을 유지하는 데 주된 걸림돌이 된다(Blenkin-sopp, 96).

바알 프오르에서 벌어진 우상숭배는 시나이에서 일어난 금송아지 숭배(탈출 32장)와 맞물려 있다. 두 이야기는 다음과 같은 공통점이 있다. (1) 이스라엘 백성이 이민족의 문화와 신에게 자신을 넘긴다. (2) 죄지은 이들을 잔혹하게 처벌한 이들의 지위가 상승한다. 예를 들어 레위인들은 사제 지위를 얻고(탈출 32,29) 피느하스는 영원한 사제직의 계약을 얻는다(민수 25,13). (3) 하느님이 벌로 내리신 재난은 모세(탈출 32,25)와 피느하스(민수 25,13)가 행한 속죄를 통해서 끝난다. 첫 번째 세대는 광야에서 아무런 진전을 이루지 못하고 그곳에서 죽어 새로운 세대에게 길을 내주어야 했다.

두 번째 인구조사 25,19-26,65

거룩하신 하느님은 죄 있는 백성 사이에 머무실 수 없다. 그럼에도 야훼는 전쟁에서 승리하게 하시고(21장) 이민족 예언자 발라암을 통해 일하심으로써(22-24장) 당신 약속을 충실히 지키고자 하셨다

(14,31). 이제 초점은 요르단 서쪽에 살게 되면서 부딪는 문제를 향한다. 27-36장에는 상속권과 경계, 레위 성읍과 도피 성읍, 과실치사, 살인과 같은 다양한 주제에 관한 지시 사항들이 있다. 이것들은 모압 벌판에서 탈출 2세대에게 내린 신명기 법규와 유사하다(신명 1,5; 28,69). 하지만 민수기에 있는 이 규정들은 유다에 속주를 세우려 했고 신명기계 저자들이 지적한 지난 세대들의 잘못을 극복하려 했던 페르시아 지배기의 유다 공동체를 향한 것이었다.

민수 26장에 있는 인구조사 목록은 지파의 규모에 따라 땅을 분배하기 위해 이스라엘 공동체에 관한 정보를 모은 것이다(52-56절). 각 지파마다 머리말, 지파에 있는 씨족들 설명, 요약 진술, 지파의 인원 총합, 이렇게 네 가지 요소가 제공된다. 처음 세 가지 요소에 있는 지파 정보는 창세 46,8-27에 있는 목록을 기초로 작성되었는데, 지파의 전체 인원과는 관련이 없다. 민수 26,1-51에 있는 목록의 원래 형태는 칠십인역에 반영되어 있는데, 이집트에 머무르는 동안 공동체의 규모가 극적으로 증가했음을 강조한다. 70명에서 60만 명이 넘도록 불어난 것이다(창세 46,26-27; 47,27; 탈출 1,7; 12,37). 마소라 본문에 있는 목록은 민수 26장과 1장이 서로 어긋나지 않도록 편집되었다(Kislev, 259-260). 민수 26장에 있는 씨족들의 이름은 주로 창세기 46,8-27에서 가져온 것이다. 일반적으로 각 씨족은 2-3세대까지만 기록하는 것이 보통이지만, 므나쎄의 후손은 일곱 번째 세대까지 확장된다(민수 26,28-34). 이러한 변화는 민수 1장에서 실시한 인구조사에서 26장의 인구조사까지 므나쎄 지파의 규모가 32,000명에서 52,700명으로 급격하게 증가한 사실과 관련된다. 므나쎄의 4세대에 속하는 길앗의 후손들이 추가된 것이 더 중요한데, 이는 민수 27,1-11과 36,1-12에 나오듯 츨롭핫의 딸들이 조상의 땅을 상속받을 수 있게 된 일과 연결된다. 시메온 지파는 25,8-9에 보고된 지므리의 죄로 벌을 받아 37,100명이 줄었지만, 26장에 있는 인구조사에서 전체 인원(601,730명)은 1장의 인구조사보다 1,820명만 줄었다.

26,57-62에 나오는 레위인의 인구조사는 다른 인구조사와 구별되는데, 레위인들이 땅을 받지 않고 레위 성읍에 거주지를 받을 것이기 때문이다. 레위 지파의 세 씨족은 레위의 세 아들들의 이름을 따른다. 하지만 그 외에 다섯 씨족이 더 있고(58절), 크핫의 족보도 기록되어 있다(58ㄴ-61절).

츨롭핫의 딸들의 땅 상속 27,1-11; 36,1-12

므나쎄 지파의 일곱 번째 세대에 속하는 츨롭핫의 딸들이 모세에게 질문을 던진다. 아버지에게 남자 후손이 없으니 자기들이 아버지의 땅을 상속할 수 있느냐는 것이다. 모세는 야훼께 문의하고 야훼는 그렇게 하도록 허락하신다(7절). 개정된 상속법은 8-10절에 실려 있다.

27-36장에 나오는 새로운 세대와 그들이 땅에 정착한 이야기가 끝날 무렵, 므나쎄 지파의 씨족 우두머리들이 모세와 엘아자르에게 츨롭핫의 딸들이 지파 안에서만 혼인하게 해 달라고 요청한다. 그래야 자신들이 상속받은 땅이 다른 지파로 넘어가지 않기 때문이다(36,1-3). 모세는 야훼의 지시를 따라 그들의 요청대로 상속법을 조정

하여 선포한다(36,5-9).

여호수아의 승계 27,12-23

야훼는 모세에게 아바림산으로 올라가 그 땅을 바라보라고 지시하신 다음, 너도 "선조들 곁으로 가게 될" 것이라고 말씀하신다. 어쩌면 이 이야기의 초기 형태에서는 이 시점에서 모세가 죽었을 수 있다. 모세의 죽음에 관한 보고는 신명 34,1-8로 이동되고, 신명 34,9은 여기 민수 27,18.20에서 여호수아에게 안수한 일을 다시 언급한다. 민수 27,19은 신명 31,23과 34,9에 따라 안수가 공적 제의가 된 후대에 추가된 내용으로 보인다. 편집자는 민수 27,21-23을 추가하여, 정치 지도자를 레위계 사제의 권위 아래에 두었다(신명 17,18-20). 여호수아를 엘아자르 "앞에 세워" 임명하였다는 진술(19절)은 여호수아의 지위가 엘아자르 아래라는 것을 의미한다. 전쟁에 나갈 때 여호수아는 엘아자르에게 가서 우림을 통해 하느님의 결정을 들어야 한다(21절).

정해진 때에 바치는 제물들 28,1-29,39

민수 2-4장이 공간에 질서를 부여했듯이, 민수 28-29장은 시간에 질서를 부여한다. 정해진 때에 드려지는 제사는 악과 혼돈, 죽음을 막는 경계를 설정하는 역할을 했다. 제사는 속된 것과 거룩한 것 사이를 넘나드는 제의적 수단으로, 공동체가 거룩함의 생명력을 공급받도록 중재하는 동시에 그 분리성을 존중하는 행위였다. 민수 28-29장에 열거된 제물과 축제의 순서는 창세 1장에 세상이 창조된 단계와 짝을 이룬다. 아침저녁으로 1년 된 어린 숫양을 번제로 바치는 것은 빛과 어둠의 분리를 강화하는 것으로 여겨진다(창세 1,3-5). 거룩한 날들이나 축제 때 바치는 모든 제물은 이러한 일일 번제물에 추가로 바쳐진다. 여기에 더해서 동물을 바칠 때마다 민수 15,1-12에 제시된 비율에 맞게 곡식, 기름, 포도주를 함께 바친다. 안식일에는 1년 된 어린 숫양 2마리를 번제물로 바치고(민수 28,9-10; 참조 창세 2,1-3), 매달 초하룻날에는 황소 2마리와 숫양 1마리, 1년 된 어린 숫양 7마리를 바친다(민수 28,11-15; 참조 창세 1,14).

제의적으로 한 해는 둘로 나뉜다(창세 1,14 참조). (1) 상반기에는 파스카 축제와 무교절이 있다. 첫째 달 14일부터 21일까지 이 축제를 지내는 7일간, 이스라엘 백성은 매일 황소 2마리와 숫양 1마리, 1년 된 어린 숫양 7마리를 번제물로 바치고, 숫염소 7마리를 속죄 제물로 바친다. 전반기에 기념하는 또 다른 주요 축제는 주간절이다. 이 축제에서는 황소 2마리와 숫양 1마리와 1년 된 어린 숫양 7마리를 번제로, 숫염소 1마리를 속죄 제물로 바친다. (2) 하반기의 주요 축제는 일곱째 달 초하룻날에 지내는 신년제다. 이때는 황소 1마리, 숫양 1마리와 1년 된 어린 숫양 7마리를 번제물로 바치고 신년제를 위한 제물과 일일 번제물에 더해 속죄 제물로 숫염소 1마리를 바친다. 일곱째 달 초열흘날에는 속죄일을 지내는데, 이때에는 번제물로 황소 1마리와 숫양 1마리, 1년 된 어린 숫양 7마리를 바치고, 속죄 제물로 숫염소 1마리를 바친다. 일곱째 달 열닷샛날은 7일간의 초막절을 시작하는 날이다. 이 축제 첫날에는 황소 13마리와 숫양 2마리와 1년 된 어린 숫양 14마리를 속죄 제물인 숫염소 1마리와 함께 바친다. 그 이후 6일 동안 똑같은 번제물을 바치는데, 하루가 지날 때마다 바치는 황소는 1마리씩 줄어든다. 축제 여덟째 날에는 황소 1마리와 숫양 1마리와 1년 된 어린 숫양 7마리를 속죄 제물인 숫염소 1마리와 함께 바친다. 이렇게 해마다 축일과 축제 때 희생 제물을 정해진 대로 바침으로써 이스라엘은 하느님께서 한처음에 창조하신 우주 질서에 자신을 맞추려 했다.

자발적으로 하는 서원과 서약 30,1-17

축일과 축제 때 정해진 제물 외에 이스라엘은 번제물과 곡식 제물, 제주, 친교 제물과 같은 자원 제물들도 바친다(29,39). 서원이란 무엇이 급하게 필요할 때나 어려운 처지에 있을 때 하느님께 자발적으로 드리는 약속이다. 이런 위기 상황에는 주로 희생 제물이나 재화를 바치겠다고 약속했다. 이런 서원은 꼭 지켜야 했다. 만일 여자가 아버지의 집이나 남편의 집에서 그러한 서원을 한다면, 아버지나 남편이 그 사실을 알고 반대하지 않아야 그 서원이 유효하다(30,6.9.12-14). 아버지나 남편은 여자의 서약을 즉시 거부하든지, 아니면 서원을 지키도록 도울 의무가 있었다. 이런 규정은 모든 재산이 남편의 권한 아래 있는 집안의 소유라는 사회적 기반 위에 놓여 있었다.

미디안과 전쟁 31,1-54

이 전쟁은 모세가 지휘한 마지막 전쟁이자 새로운 세대의 첫 번째 전쟁이다. 모세는 미디안의 다섯 임금과 싸우기 위해 지파마다 1,000명씩 병사를 소집한다(3-8절). 피느하스는 성소의 기물들과 신호용 나팔을 들고 함께 나가는데, 이는 이 전쟁이 성전聖戰임을 의미했다. 군대는 약속의 땅에서 멀리 있는 적들을 위한 성전 규칙에 따라 임무를 수행한다(신명 20,10-15). 이 규칙은 모든 남자를 죽이되 여자와 아이, 가축, 그리고 다른 재산들은 차지할 수 있게 했다. 이스라엘 군대는 미디안 임금 다섯과 발라암을 죽인다(8절). 민수 25,17의 명령에는 이스라엘 백성이 미디안인들을 "쳐 죽여라" 하고 명시되어 있다. 군대는 이 명령을 신명 20,10-15에 따라 해석한다. 하지만 모세는 이것이 성전의 특별한 경우에 해당한다고 반대한다. 미디안의 여자들이 이스라엘 남자들을 유혹해 프오르에서 우상숭배를 하게 했기 때문이다(14-16절). 그러므로 모세는 자신의 권위로 남자아이와 성 경험이 있는 여자를 모두 죽이라고 명령한다. 목숨을 부지한 이들은 처녀뿐이었다(17-18절). 미디안인들을 모조리 없애라는 모세의 명령은 이 전쟁을 성전聖戰으로 바꾸어 놓았다. 민수기에 따른 성전의 실행은 정복기에 국한된 일시적 조치였다. 이스라엘 백성과 다른 민족들 사이에 분명한 경계선을 확립하기 위한 조치였겠지만, 그것으로는 불충분했다. 지속적인 설득과 순종, 교육이 필요했다.

병사와 포로, 그리고 전리품으로 얻은 물건들은 민수 19장에 소개된 의식에 따라 정화해야 한다. 부정하게 된 사람들은 진영 밖에 머물러야 하고, 붉은 암소를 태우고 남은 재를 탄 정화수를 3일째와 7일째 날에 뿌려야 한다(19절). 다른 물건들도 정화수를 뿌려 정화해야 한다(20절). 하지만 불로 정화할 수 있는 물건은 정화수를 뿌리는 것과 더불어 반드시 불 속에 넣었다가 꺼내는 과정을 거쳐야 한다(21-23절).

전리품을 분배하는 방식은 이 이야기의 마지막 부분에 설명되어 있다(25-54절). 야훼는 모세에게 지시하여 엘아자르와 가문의 우두머리들에게 전리품의 수를 확인하고 그것을 둘로 나눈 다음 절반은 전쟁에 참여한 병사들에게 주고 나머지 절반은 이스라엘 공동체에게 주게 하신다(26-27절). 절반을 받은 병사들은 사람이든 소든 나귀든 양이든 500분의 1을 야훼를 위한 예물로 엘아제르 사제에게 주어야 한다(28-29절). 공동체가 받은 몫에서는 사람이든 소든 나귀든 양이든 50분의 1을 레위인들에게 주어야 한다(29-30절). 이러한 징수는 18장에 실린 규정을 따른 것이다. 32-47절에 묘사된 엄청난 양의 전리품은 미디안을 무찌를 때 야훼가 이스라엘에게 주신 승리가 얼마나 대단했는지를 강조한다.

이야기의 마지막 단락(48-54절)은 천인대장들과 백인대장들이 이스라엘 병사를 하나도 잃지 않고 승리하게 해 주신 야훼께 감사하는 모습을 묘사한다. 그들은 자신들이 얻은 모든 금붙이를 가져와 “속죄하려고” 야훼께 바쳤다(50절). 지휘관들의 반응은 모세가 복수하기 위해 미디안인들을 모조리 없애게 한 것과 뚜렷한 대조를 이룬다. 지휘관들의 예물은 미디안에 대한 이스라엘의 정당성을 기억과 속죄의 차원에서 확립하려는 행위였으며, 이를 통해 재앙을 피하고 야훼의 성소에 대한 이스라엘의 충성을 새롭게 다짐하기 위한 것이었다. 이렇게 하여 민수 31장의 새로운 세대는 민수 13-14장과 25장에 나오는 지난 세대가 경험한 실패를 뒤집었다.

가드 지파와 르우벤 지파가 제시한 중재안 32,1-42

매우 큰 가축 떼를 소유한 가드 지파와 르우벤 지파는 길앗 땅에 풀이 얼마나 많은지를 알게 된다. 그리하여 모세와 엘아자르와 공동체 수장들에게 요르단 동쪽 지역에 정착할 수 있게 해 달라고 요청한다(1-4절). 모세는 반대한다. 이런 움직임이 약속의 땅을 정복하려는 노력에서 벗어나는 것처럼 보일 수 있고, 그 결과 카데스에서 정찰대가 이스라엘의 땅 정복 가능성에 관해 부정적인 보고를 했을 때처럼 나머지 지파들의 사기를 떨어뜨릴 수 있다는 이유였다(13,25-33). 모세는 그들에게 땅 정복이라는 목표에서 물러섰을 때 지난 세대가 야훼에게서 얼마나 엄중한 벌을 받았는지를 상기시킨다. 하지만 가드 지파와 르우벤 지파는 자신들이 공격 부대에 참여할 뿐 아니라 선발대로 서겠다고 항변한다(17절). 그리고 자신들의 전사가 요르단강 서쪽에서 싸우는 동안 가족과 가축들이 살 성읍과 양 우리를 짓겠다고 말한다. 병사들은 이스라엘 백성이 정복을 마칠 때까지 요르단강 동쪽으로 돌아오지 않을 것이다(18절). 요르단강 서쪽에서는 어떤 영토도 요구하지 않겠다고도 한다. 원래 모세는 모든 지파가 요르단강 서쪽에 정착하리라 생각했지만, 가드 지파와 르우벤 지파의 제안을 받아들인다. 모세는 공격 부대에 앞장서기로 한 약속을 지킨다는 조건으로 이 두 지파에게 길앗 땅을 주기로 한다(22-23절). 두 지파는 모세(25-26절)뿐 아니라 정복을 이끌 엘아자르와 여호수아 앞에서도(28-32절) 이 조건을 다시 한번 확인한다. 이 시점에서 모세는 공식적으로 시혼의 왕국과 옥의 왕국 땅을 가드 지파와 르우벤 지파뿐 아니라, 놀랍게도 므나쎄 반쪽 지파에게도 준다(33절). 나중에 므나쎄 지파가 요르단강 동쪽 지역에 가서 땅을 차지한 이야기는 39-42절에 확장되어 나온다. 이 부분은 므나쎄의 아들 마키르의 자손들이 길앗에 있는 아모리인들을 상대로 벌인 정복 작전 이야기를 들려준다.

탈출 1세대의 이동 기록 33,1-56

2절에 따르면 모세가 이 목록을 작성했다. 밀그롬은 이것이 이론적으로 가능했다고 주장한다(497-498). 모세는 율법(탈출 24,4; 34,27; 신명 31,9.24)과 아말렉을 향한 저주(탈출 17,14), 그리고 신명 31,22에 나오는 그의 노래를 기록했다고도 한다. '라메세스(A)를 떠나 수콧(B)에 진을 치고 수콧(B)을 떠나 에탐(C)에 진을 치는'(민수 33,5-6) 것과 같이 이동 경로를 연이어 기록하는 문학 양식은 아시리아의 군사 원정 기록에서도 발견된다.

밀그롬(497-498)은 오경의 다른 부분들에서 진을 친 곳을 언급할 때 민수 33장에 있는 이 목록을 기본으로 삼았을 수 있다고 제안한다. 이 여정은 세 단계로 구성된다. 이집트에서 시나이까지(5-15절),

시나이에서 카데스까지(16-36절), 카데스에서 모압 벌판까지(37-49절)이다. 첫째 단계에서 진을 친 곳은 탈출 13,17-19,1에 나오는 장소들과 일치한다. 이스라엘이 이집트에서 르피딤까지 이동하는 과정을 보여 주는 내러티브에서 다섯 가지 고정 문구(탈출 12,37; 13,20; 14,1-2; 15,22; 17,1)는 첫째 단계와 맞아떨어진다. 시나이에서 모압으로 가는 내러티브에서 여섯 가지 고정 문구(탈출 19,2; 민수 10,12; 20,1; 20,22; 21,10-11; 22,1)는 둘째 단계와 셋째 단계에 열거된다. 그러므로 시나이 광야에서 모압 벌판에 이르는 동안 이스라엘이 진을 친 곳들(16-49절)은 민수 10,11-22,1를 요약한다. 그러나 대부분의 학자들은 민수 33장이 오경 내러티브들을 바탕으로 작성된 종합적 목록이지 그 반대가 아니라고 주장한다. 오경의 다른 내러티브에 나오지 않는 지명은 12-14절, 18-30절, 34-35절, 41-42절에 언급된 곳뿐이다.

33,50-56에서 야훼는 모세에게 지시를 내리시어 가나안 땅을 정복할 때 어떻게 해야 하는지 이스라엘 백성을 가르치게 하신다. 이스라엘은 돌에 새긴 우상과 주조 신상, 산당을 파괴해야 한다(50-52절). 땅 분배는 씨족별로 제비를 뽑아서 해야 한다(53-54절). 이스라엘 백성이 그 땅의 주민들을 쫓아내지 않으면, 남아 있는 가나안인들이 그들에게 골칫거리가 될 뿐 아니라, 야훼께서도 가나안인들을 대하려고 하신 방식으로 이스라엘 백성을 대하실 것이다(55-56절).

가나안 땅의 경계 34,1-29

1-12절에서 야훼는 가나안 땅의 경계를 정하신다. 남쪽은 3-5절에, 서쪽은 6절에, 북쪽은 7-9절에, 동쪽은 10-12절에 제시된다. 묘사된 영토의 범위는 13장과 14장에 나오는 것과 일치한다. 그러므로 새로운 세대는 원래 예전 세대에게 약속되었던 영토를 그대로 상속받는 셈이다. 이 영토의 범위는 여호 15,1-14; 에제 47,15-20; 48,1-2에 나오는 것과도 일치한다. 하지만 가나안 땅의 범위를 훨씬 작게 보는 또 다른 전승도 있다. 이는 페니키아와 필리스티아의 영토를 제외하고 단에서 브에르 세바까지로 한정한다(판관 20,1; 1사무 3,20; 1열왕 5,5). 동쪽 경계는 요르단강 동쪽을 포함하지 않는데, 이는 민수기가 가드 지파와 르우벤 지파와 므나쎄 반쪽 지파를 약속의 땅에서 거주하는 것으로 보는지 여부를 문제 삼는다. 아마도 그들의 지위는 경계인으로 보이는데, 내부자이면서도 외부자로 간주된 듯하다(Olson, 188). 이러한 외부자 지위에 따라 가드 지파와 르우벤 지파에게는 땅을 나누어 줄 책임자를 지명할 필요가 없다. 새로운 세대의 분배 책임자 열 명은 요르단 서쪽에 사는 지파에서 1명씩 뽑는다. 이들의 이름은 19-29절에 실려 있다.

레위인들의 성읍과 도피 성읍 35,1-34

이스라엘 백성은 레위인들이 거주할 성읍과 그들의 가축이 풀을 뜯을 수 있도록 성읍 주위에 1,000암마나 2,000암마 정도의 목초지도 주어야 한다(1-5절). 레위인들의 성읍은 총 48개로, 각 지파는 지파의 규모에 비례하여 자기 영토에서 그들을 위한 성읍을 내주어야 한다(8절). 반면 여호 21장은 각 지파가 성읍을 4곳씩 내주게 한다. 그리고 에제 48,13-14는 단순히 중앙 성소 근처의 한 구역을 레위인에게 배정한다. 민수 35장에서 레위인들의 성읍이 약속의 땅 전역에 퍼져 있다는 사실은 하느님의 현존이 특정 장소 하나에만 갇힐 수 없음을 상징한다.

레위인들에게 할당된 성읍 48곳 가운데 요르단강 동쪽에 3곳, 요르단 서쪽에 3곳이 도피 성읍으로 지정된다(13-14절). 피의 보복 규정은 존중해야 하지만, 고의성 없이 살인을 저질렀을 경우에는 그 사정을 고려할 필요가 있다. 누군가가 쇠 연장이나 돌이나 나무 연장으로 다른 사람을 때렸다면, 피의 보복자가 살인자의 피를 흘려 살인을 되갚는다(16-21절). 하지만 아무런 악의 없이 사고로 누군가를 죽이게 되었다면(22-24절) 그 사람은 도피 성읍 가운데 한 곳으로 도망갈 수 있다. 그러면 공동체가 두 사람 이상의 증인을 불러 재판을 한다(30절). 죽음이 우연히 일어난 사고라면 그 살인자는 대사제가 죽을 때까지 도피 성읍에 살아야 한다(28절). 대사제의 죽음은 땅을 어지럽게 한 피 흘림에 대한 속죄로 여겨진다. 금전 배상으로 도피 중에 있는 이를 풀려나게 할 수는 없다(31-32절).

맺음말 36,13

이스라엘 백성에게 주어진 계명과 법규에 대한 맺음말은 레위 26,46; 27,34과 유사하다.

참고 문헌

Achenbach, Reinhard. "Die Erzählung von der gescheiterten Landnahme von Kadesch Barnea (Numeri 13–14) als Schlüsseltext der Redaktionsgeschichte des Pentateuchs." *ZAR* 9 (2003): 56-123.

Albertz, Rainer. "A Pentateuchal Redaction in the Book of Numbers? The Late Priestly Layers of Num 25–36." *ZAW* 125 (2013): 220-233.

Blenkinsopp, Joseph. "The Baal Peor Episode Revisited (Num 25,1-18)." *Biblica* 93 (2012): 86-96.

Chavel, Simeon. *Oracular Law and Priestly Historiography in the Torah.* FAT 71, 2nd series. Tübingen: Mohr Siebeck, 2014.

Christian, Mark. "Openness to the Other Inside and Outside of Numbers." In *The Books of Leviticus and Numbers.* Edited by Thomas Römer, 579-608. BETL 215. Leuven: Uitgeverij Peeters, 2008.

Kislev, Itamar. "The Census of the Israelites on the Plains of Moab (Numbers 26): Sources and Redaction." *VT* 63 (2013): 236-260.

Levine, Baruch. *Numbers 1–20, 21–36.* 2 Vols. AB 4A. New York: Doubleday, 1993, 2000.

Milgrom, Jacob. *Numbers: The JPS Torah Commentary.* Philadelphia/New York: Jewish Publication Society, 1990.

Olson, Dennis. *Numbers.* Louisville: Westminster John Knox, 1996.

Otto, Eckart. "The Pentateuch in Synchronical and Diachronical Perspectives: Protorabbinic Scribal Erudition Mediating between Deuteronomy and the Priestly Code." In *Das Deuteronomium zwischen Pentateuch und Deuteronomistischem Geschichtswerk.* Edited by E. Otto and R. Achenbach, 14-35. FRLANT 206. Göttingen: Vandenhoeck & Ruprecht, 2004.

Rendsburg, Gary. "An Additional Note to Two Recent Articles on the Number of People in the Exodus from Egypt and the Large Numbers in Numbers I and XXVI." *VT* 51 (2001): 392-396.

Römer, Thomas. "Israel's Sojourn in the Wilderness and the Construction of the Book of Numbers." In *Reflection and Refraction: Studies in Biblical Historiography in Honour of A. Graeme Auld.* Edited by Robert Rezetko, Timothy H. Lim, and W. Brian Aucker, 419-445. SVT 113. Leiden/Boston: Brill, 2007.

____________. "De la périphérie au centre: Les livres du Lévitique et des Nombres dans le débat actuel sur le Pentateuque." In *The Books of Leviticus and Numbers.* Edited by Thomas Römer, 2-34. BETL 215. Leuven: Uitgeverij Peeters, 2008.

Van Seters, John. *The Life of Moses.* Louisville: Westminster John Knox, 1994.

Zenger, Erich and Christian Frevel. "Die Bücher Levitikus und Numeri als Teile der Pentateuchkomposition." In *The Books of Leviticus and Numbers*. Edited by Thomas Römer, 35-74. BETL 215. Leuven: Uitgeverij Peeters, 2008.

신명기 입문

돈 C. 벤저민 지음

저술 배경, 신학적 주제

바빌론 임금 네부카드네자르(기원전 604-562)는 자신의 제국을 정당화하기 위해 이전 왕조들의 유물로 북쪽 궁궐을 채웠다. 마찬가지로 프랑스, 영국, 독일(1870-1914)도 제국을 정당화하기 위해 성경의 배경이 된 여러 지역에서 유물을 수집했다. 이러한 움직임이 활발하던 시기에는 경쟁과 모의, 음모가 들끓었다. 그럼에도 수집가들은 '함무라비 법전'(기원전 1792-1750), '람세스 2세(기원전 1279-1213)와 하투실리 3세(기원전 1286-1265)의 조약', 에사르 하똔(기원전 680-669)의 종주宗主 조약을 발견했다. 이런 문헌들을 통해 신명기가 성경의 배경이 된 주변 지역들과 오랫동안 문화적 교류를 하면서 발전했다는 사실이 분명해졌다. 신명기를 저술한 야훼의 백성은 자신의 문화적 정체성에 충분한 확신을 가지고 있었기에, 주변 세계의 풍부한 지적 전통에서 유익을 얻었을 뿐 아니라 그 전통에 공헌하기도 했다.

티글랏-필에세르 3세(기원전 744-727)가 다스리는 아시리아는 이스라엘과 유다 같은 나라들을 동맹이나 식민지 또는 속주로 편입시켰다. 지중해 연안에서 내륙으로 이어지는 무역로를 따라 제국이 수송과 군사적 지원을 받게 하려는 조치였다. 이 시기에 신명기의 애국적 전통이 발전하면서 오로지 한 성소에서만 경배받는 야훼 한 분(12,2-28)만이 이스라엘을 보호하는 신(4,1-10; 6,4-25)임을 강조하였다. 이는 야훼의 백성이라는 문화적 정체성을 고취했다. 그럼에도 이스라엘 왕국의 지위는 아시리아의 동맹국(기원전 738)에서 식민지(기원전 732)로 전락했고, 결국 속주가 되었다(기원전 722).

히즈키야(기원전 726-697)는 기원전 701년에 아시리아로부터 유다 왕국의 독립을 선언했고 지방에 있는 야훼의 성소들을 폐쇄했다. 예루살렘에 있는 야훼의 성전에서 중앙집중화된 수확 축제를 거행하면서, 이스라엘의 집안들은 독립이라는 임금의 목표를 받아들이도록 고무되었다. 곡식과 포도주, 올리브기름 등의 필수품을 아시리아에 공급하지 않게도 했다. 이에 아시리아 제국은 히즈키야가 전쟁 자금을 넘기고 아시리아에 충성을 맹세할 때까지 예루살렘을 포위했다.

므나쎄(기원전 697-642)는 아시리아의 동맹국 지위를 유지했고 지방 성소를 다시 열게 했다. 그리고 야훼의 성전에 있는 예술품과 그곳에서 거행하는 제의로 아시리아에 대한 충성을 공고히 했다. 친아시리아파는 후계자인 아몬(기원전 641-640)이 아시리아 대신 이집트와 동맹을 맺으려 하자 그를 암살했다(2열왕 21,23).

이집트의 파라오 투탕카멘(기원전 1333-1323)처럼 유다 왕국의 요시야(기원전 640-609)도 어린 나이에 임금의 자리에 올랐다(Sweeney 2001). 히즈키야의 정책을 지지했던 이들은 신명기 안에서 발전하던 세계관을 받아들이도록 요시야를 인도했다. 기원전 627년 마침내 아시리아 임금 앗슈르바니팔이 죽자 요시야는 아시리아의 외교관과 상인들을 추방했다. 예루살렘에 있는 야훼의 성전도 보수했다. 요시야 실록(2열왕 22,1-23,30)에 따르면 이 보수 작업 중에 "율법서"(세페르 토라*sefer tora*)가 발견되었다. 1805년 W. M. L. 데 베테de Wette는 이 "율법서"가 신명기라고 생각했다. 게르하르트 폰 라트Gerhard von Rad(1901-1971)를 비롯한 여러 학자는 호세아와 미카에게서 영감을 받은 북 왕국 이스라엘의 레위인들이 당시 통치하던 오므리 왕조의 정책에 반대하기 위해 신명기 초판을 작성했다고 보았다. 아시리아가 이스라엘을 정복했을 때, 히즈키야는 북 왕국의 난민과 그들의 전승을 유다로 받아들였다.

하지만 신명기의 출발점은 법전이나 조약, 심지어 통치자나 궁정 서기관들이 만들어 낸 유언이나 증언도 아니었다. 레위기나 민수기와 달리, 신명기는 예루살렘에 있는 야훼의 성전을 돌보는 사제들의 영성에서 비롯되지도 않았다. 신명기는 집안*bêt*의 어머니와 아버지들이 실천한 모범적인 생활 방식에서 출발했다(Gerstenberger 2002: 99-100; Benjamin 2015).

집안은 기초 공동체로서 4세대가 함께 살고 일하고 예배를 드렸다. 같은 마을에 있는 집안들은 집을 짓거나 담을 쌓거나 씨를 뿌리거나 수확을 하거나 타작을 할 때, 곧 노동 집약적인 일을 할 때 서로 도왔다. 이들은 농사를 짓고 가축을 기르며 물고기를 잡고 그릇이나 직물, 악기, 무기, 도구 등을 제작했다. 초기 이스라엘(기원전 1200-1000)에서는 말 1마리가 경작할 수 있는 정도의 땅, 대략 44,000제곱미터에 50-150명 정도 주민이 사는 마을들이 분산된 자급 경제로 일상을 영위하였다. 이들은 자신이 생산한 모든 것을 소비했다. 임금이나 병사, 노예, 성읍, 성벽, 성문, 궁전 등은 없었다.

집안 식구는 계약을 통해 가상의 친척 관계를 맺게 된 이들이다. 전부는 아니지만 일부 식구는 혈연으로 맺어진 친척이기도 했다. 이들은 야훼의 백성이라는 문화적 정체성을 공유했고, 식구가 아닌 이들은 그렇지 않았다. 고대 이스라엘과 같은 문화에서 생물학적 관계는 친척인지 아닌지를 결정하는 데 별로 중요하지 않았다. 이러한 문화에서는 살아 있는 이들이나 이미 죽은 이들을 집안, 씨족*mišpāḥâ*, 백성*'am*과 연결하고, **형제**나 **자매**와 같은 친척 은유를 사용하여 사회적 지위를 정할 수 있었다.

어떤 외부자들은 야훼의 백성과 함께 살아가며 마을 경제에 이바지하고 이득을 얻기도 했다. 그렇게 함으로써 경제적으로 안정적인 가정을 이루었다. 하지만 어떤 이들은 여성 포로(21,10-14), 빚 때문에 종이 된 이(15,1-18), 이방인(16,1-17)과 같이 사회적 약자로 살았다. 이 외부자들은 사회적 지위가 없었기 때문에 가난하고 억압을 당하기 쉬웠다. 그럼에도 그들은 야훼 백성의 사회적·법적·제의적 생활에서 사회적 지위를 지닌 집안의 온전한 식구가 되어 가는 과도기에 있었다. 어느 누구도 문자 그대로 **낯설거나 처음 보는 이방인**은 아니었고, 함께 살아가는 내부인들에게 잘 알려져 있었다.

산드라 리히터Sandra L. Richter는 《신명기의 출처 문제와 경제학*The Question of Provenance and the Economics of Deuteronomy*》(2017)에서 신명기의 초기 전승들(4,44-31,29)에 반영된 폐쇄적 자급 경제를 재구성한다. 이

러한 경제 체제는 재화와 서비스를 생산하고 사용하고 분배하기 위해 발달되었다. 이 전승들은 오직 토착 가축과 작물, 인간과 동물이 함께 거주한 소박한 기둥식 가옥, 그리고 마을 사람들이 서로 현물만 물물 교환하고 구리나 쇠로 된 작은 도구와 무기를 만드는 모습을 묘사한다. 이러한 경제체제는 제1철기(기원전 1200-980) 시대 예루살렘의 북쪽 마을에 있던 원시 이스라엘 집안들이 남긴 고고학 증거에서만 찾아볼 수 있다. 신명기의 가장 초기 전승은 이스라엘을 중앙집권화되지 않은 흩어진 촌락 사회로 묘사하는데, 제2철기(기원전 980-586) 시대에 이스라엘과 유다 왕국에서 존재했던 공물과 은銀을 기반으로 하는 잉여 경제 사회와는 다르다.

초기 이스라엘에서 집안의 가장들은 식구를 받아들이거나 쫓아내고, 일꾼을 고용하고, 다른 마을에서 병력을 요청할 때 응답하고, 혼인을 협의하고, 나그네를 맞아들이고, 상속자를 지정하는 여러 전통을 발전시켰다.

어머니들은 여성과 아이들에게 옷을 입고, 머리를 빗고, 정원을 가꾸고, 가축을 치고, 요리를 하고, 술을 빚고, 천을 짜고, 토기를 만드는 법을 가르치는 전통을 발전시켰다. 또한 수확기에 먹는 음식이 매일 먹는 음식과 왜 다른지, 어떤 식물과 동물은 먹어도 되고 어떤 것은 그렇지 않은지에 대해 설명하는 전통도 발전시켰다(Matthews and Benjamin 1993: 22-36). 지배적인 패러다임에는 "저희 조상은 떠돌아다니는 아람인이었습니다"(26,5)라는 신앙 고백이 있었다. 여기에는 '땅이 없던 저희 조상은 유프라테스강 서쪽 아람에서 굶주리고 있었습니다'라는 의미가 담겨 있는데, 이러한 고백이 히브리인들에게 '땅이 있는' 야훼의 백성이라는 문화적 정체성을 부여했다. 신명기는 히브리인들이 그 땅에서 살고 싶었던 삶의 모습을 그린 비전이었다. 동시에 그들이 자신의 땅을 위태롭게 한 위기들을 실제로 어떻게 극복했는지를 서술한 책이기도 했다. 성소에 온 집안들은 생산물의 일부를 냈다. 이는 자신들을 땅이 없는 종의 처지에서 구하시고 땅의 풍성한 작물로 먹이신 야훼를 기리며 바치는 예물이었다. 땅은 야훼의 백성으로서의 정체성을 규정하고 또 재정립하는 기준이었다.

이에 대한 대안적 패러다임은 야훼의 백성이 땅을 가졌을 때보다 땅 없이 살 때가 더 많았다는 데 주목하는 문화적 정체성을 반영한다. 그리고 신명기의 의도가 **땅 없이** 살아남는 법을 가르치는 데에 있다고 주장한다. 모세는 신명기를 선포했지만 **그 땅 밖에서** 죽었다. 이러한 사실은 이집트에서 종살이를 한 조상과 광야 생활을 한 세대 모두 땅을 가지지 않았지만, 여전히 야훼와 지속적인 관계를 맺었음을 야훼의 백성에게 상기시킨다. 이스라엘 땅에서 지낸 날들이 아니라 이집트와 광야에서 보낸 날들이 그들의 문화적 정체성을 규정했다. 그러므로 디아스포라 공동체는 이스라엘에 자기 소유의 땅이 없는 삶을 받아들이고, 야훼와의 관계를 새롭게 해야 한다. 야훼는 경작된 땅을 지키는 신이 아니라 경작되지 않은 광야와 산을 보호하는 신이었다(32,2).

신명기는 야훼의 백성에게, 땅이 있든 없든 엘리트 왕족 남성에 대한 헛된 신뢰를 끝내라고 요구한다. 할례를 받은 남자만이 아니라 마음의 할례를 받은 모든 이가 야훼의 백성이 될 수 있다. 신명기의 새 세상은 여전히 남성중심이지만, 이 남자들은 남성과 여성, 젊은이와 노인, 토착민과 이주민, 내부자와 외부자, 종과 자유인, 인간과 가축과 자연이 협력을 해야만 생존할 수 있는 집안의 아버지들이다. 신명기는 아버지들에게, 야훼께 배당받은 비옥한 곳에서 자기 집안을 어떻게 건사할 것인지 가르친다. 그리하여 그들 집안이 생계를 이어갈 뿐 아니라 주변 세계에 변화를 가져올 수 있게 하신다.

개요

1,1-4,43	모세에 관한 전승
4,44-31,29	야훼와 이스라엘의 계약
31,30-34,12	모세에 관한 전승

신명기 주해

신명기는 **모세의 가르침**(탈출 1,7-신명 34,12)의 결론에 해당한다. 이 가르침을 모세의 출생 이야기(탈출 1,22-2,10)와 그의 부고(신명34,1-2)가 앞뒤로 둘러싼다. 한때 학자들은 성경의 세계에 존재하던 사법기관이 집안 사이의 분쟁을 해결하기 위해 '우르 남무와 슐기*Shulgi* 법전, 수메르 법전, 리피트-이슈타르*Lipit-Ishtar* 법전, 에쉬눈나 법, 함무라비 법전, 히타이트 법, 중기 아시리아 법'과 같은 법전을 사용했으리라 짐작했다. 하지만 이런 법전들이 사법기관에 전례前例를 제공하려고 만들어졌다면, 재판 기록에 이를 인용해야 했을 것이다. 하지만 브루스 웰즈Bruce Wells와 동료들이 연구한 재판 기록은 판례가 존재하는 경우에는 함무라비 법전을 인용하지 않았다(Wells 2008). 지금까지 고고학자들은 이스라엘의 재판 기록을 발견하지 못했다.

폰 라트는 신명기가 **법**이 아니라 **훈화***parenesis*, 곧 율법에 관한 설교라고 처음으로 주장한 사람 가운데 하나였다. 그 후 모세 바인펠트Moshe Weinfed(1925-2009)는 신명기를 이해하는 데 있어 법적 전통보다는 지혜 전통과 비교하는 것이 더 낫다고 제안했다. 신명기에 들어 있는 200개 이상의 전승 가운데 반 이상이 동기절動機節을 포함하는데,

이는 입법보다 교육의 특징이 더 강한 문학 기법이다. "너희가 이집트 땅에서 종이었던 것을 기억해야 한다"(24,22)라는 동기 부여만 신명기에 50회 정도 등장한다.

모세의 가르침은 집안들이 땅을 보존하기 위해 어떻게 야훼를 공경해야 하는지를 설명한다. 이 가르침은 '생명과 죽음, 축복과 저주를 (그들) 앞에 내놓으며'(30,19) 집안들을 먹여 살린 이 땅을 후손들이 계속 누릴 수 있도록 생명을 선택하라고 권고한다. 이런 가르침은 여성과 땅을 서로 바꿀 수 있는 것으로 본다. 여성이 아이를 많이 낳으면 땅도 비옥하고, 여성이 아이를 낳지 못하면 땅을 일굴 농부와 목자도 없다. 신명기의 관점에서는 오직 땅과 여성을 돌보는 아버지만이 집안에 생명을 가져다줄 수 있다.

모세의 마지막 유언이자 증언(민수 27,12-신명 34,12)은 여호수아를 후계자로 지명하면서 시작한다. 이 전승은 에사르 하똔의 종주 조약에 비견할 만하다. 곧 신하 나라가 에사르 하똔의 후계자인 앗슈르바니팔을 위대한 임금으로 모시겠다고 맹세하는 것이다. 신하 나라들은 아시리아로부터 독립을 선언하면서, 앗슈르와 칼후(님루드), 타이낫의 성소에 보관된 이 종주 조약이 기록된 돌판을 부수었다. 종주 조약문과 신명기 사이에는 비슷한 용어와 모티프, 변용, 수정, 심지어 직접 번역한 흔적도 있다. 이는 신명기가 아시리아에 대한 유다의 독립 선언문으로 발전했을 가능성을 말해 준다.

반면 《유다의 기둥 조각상 해석: 유다의 액막이 제의 속 젠더와 제국*Interpreting Judean Pillar Figurines: Gender and Empire in a Judean Apotropaic Ritual*》에서 에린 다비Erin Darby는 유다와 아시리아가 적대 관계라기보다 협

력 관계에 있었다고 본다. 유다가 제국 내 지위를 활용하여 이득을 얻었다는 것이다(Darby 2014: 367-397). 아시리아와 같은 보호국과 유다와 같은 피보호국은 양쪽 모두에게 이득을 주는 단일 제국 문화의 일부였다. 피보호국은 보호국에게 재화와 서비스를 제공했고, 보호국은 그 대가로 피보호국의 작물과 가축들을 보호하고 그들에게 시장을 제공했다. 유다는 아시리아 군대에 남자들을 보냈고, 작업장에 여자들을 보냈으며, 성소들에 생산품을 보냈다. 아시리아가 이스라엘을 정복했을 때(기원전 722)부터 카르크미스에서 바빌론에 패할 때(기원전 605)까지 이어진 시리아-팔레스티나의 평화 시기 동안, 유다는 수많은 피보호국의 하나로서 아시리아 제국의 광범위한 문화 공동체에 참여하고 이바지했다. 그러므로 모세의 마지막 유언과 증언은 아시리아와 유다의 상호 관계가 어떻게 야훼의 백성이라는 문화적 정체성을 형성했는지를 단순하게 반영하는 것일 수도 있다.

모세에 관한 전승 1,1-4,43

성경 전승을 관리하고 보전하던 이들은 전해 받은 전승에 내용을 추가하기도 하고 어떤 부분을 빼기도 하고 구성을 바꾸기도 했다. 하지만 전승에 손을 대지 않고 그저 새로운 머리말과 맺는말을 덧붙여 다시 초점을 맞춤으로써 그들의 전임자들에게 받은 선물을 존중하기도 했다. 그러므로 신명기를 도입하는 전승(민수 27,12-35,13; 신명

1,1-4,43)과 마무리 짓는 전승(31,30-34,12)에서 모세의 역할을 이해하는 것은 신명기를 이해하는 데 대단히 중요하다.

머리말 1,1-5

모세는 야훼의 백성을 이끌고 아직도 어디인지 알지 못하는 장소인 토펠과 라반, 하체롯, 디 자합을 거쳐 피스가산에 이른다. 그리고 이곳에서 자신의 마지막 유언과 증언을 **야훼와 이스라엘이 맺은 계약**으로 공표한다. 이 계약에서 이스라엘은 야훼께서 "맹세하신 땅"(6,23), 존재해야 했지만 결코 존재하지 않았던 유토피아로 묘사된다. 신명기 전반에 걸쳐 자연적이면서도 제의적인 산들의 지형은 신의 영역과 인간의 영역을 잇는 경첩으로 재설정된다. 인간의 생명이 어머니의 탯줄을 통해 태아에게 흘러 들어가듯이, 하느님의 생명은 산들을 타고 아래로 내려오는 빗물처럼 땅으로 흘러간다.

땅의 수여 1,6-8

야훼는 히브리인들에게 아라바 계곡의 서쪽에 있는 땅, 곧 예루살렘 북쪽 산악 지방, 세펠라 구릉 지대, 네겝 사막, 지중해 해안 지대를 주신다. 하티와 우가릿, 엘레판틴섬(기원전 500-400)의 토지 증여 문서에서도 신명기와 마찬가지로 경계를 규정하고, 침범을 금지하며, 그 땅의 증여가 영구적으로 보장됨을 확인한다.

히브리인들은 이 지역에 원래 살고 있던 아모리인족이나 가나안족과 자신을 구별한다. 히브리인들을 구별하는 특징은 민족성이 아니라 이집트에서 탈출한 종들의 작은 공동체에게서 영감을 받아 스스로 만들어 낸 문화적 정체성이다. 히브리인들은 이웃들을 자기 소유의 땅이 없는 이집트의 종일 뿐이라고 낙인찍는다. 반면 자신들은 땅을 가진 자유인이다.

우두머리 임명 1,9-18

초기 이스라엘에는 전임 판관이나 군 지휘관이 없었다. 마을 사람들은 위협이 생기면 타작마당에서 회의를 열어 대응했다. 집안의 가장들은 내부의 위협을 해결하기 위해 합의를 도출하고 외부의 위협에 대해서는 병사를 소집하여 해결했다.

광야 세대에 대한 심판 1,19-2,1

광야 세대는 아카바만 북쪽의 팀나 광산 근처 세이르 산악 지방의 땅을 야훼가 그들에게 주실 수 있다는 믿음을 저버린 죄로 재판에 기소된다. 야훼가 땅을 차지하라고 명령하시면 그들은 그렇게 해야 한다. 하지만 그들은 정찰대를 보내고, 땅이 비옥하다는 보고를 받고도 땅을 차지하기를 거부했다. 그런 뒤에는 야훼 없이 땅을 차지하려고 시도한다. 그 결과 칼렙과 여호수아 집안을 제외한 광야 세대는 자신들에게 주어질 땅을 차지하지 못한다. 그러자 야훼는 그들의 후손에게 땅을 주시어 땅이 전쟁의 전리품이 아니라 하느님의 선물임을 분명히 하신다.

땅의 수여 2,2-3,22

야훼의 백성이 땅을 받을 수 있는지의 여부는 원주민 집안과 그들의 재산을 희생 제물로 바치는 데 달려 있다. 전투 전에 병사들은 자기들이 잡아 올 포로와 전리품의 전부나 일부를 야훼께 바치기로 서원한다. 하느님이 지시하신 집단 학살은 때로 **성전聖戰**이라 불리지만 현대의 독자들에게 충격을 준다. 하지만 병사들이 전리품이나 노예로 삼을 사람을 취할 수 없다면, 그들은 오직 최후의 수단으로만 전쟁을 벌일 것이다(7,1-26).

모세에 대한 심판 3,23-29

여기에서 시작하여 신명기 끝(32,48-52)에서 마무리되는 재판에서 모세는 기소된다. 그가 므리바-카데스 오아시스에서 야훼와의 **신뢰를 깨뜨렸기** 때문이다. 히브리인들은 모세가 그 땅에 들어가야 했다고 여겼다. 그가 약속의 땅 밖에서 죽은 이유에 대한 설명은 이 슬픈 사건을 이해하려는 시도이며, 모든 것은 오직 야훼가 일으키신다는 '일차적 인과성/제1원인 원칙을 반영한다. 악마나 인간의 비인간성, 또는 운명과 같은 것은 이차적 원인에 불과하다. 이를 통해 모세의 죽음을 해석하면, 모세가 약속의 땅 밖에서 죽은 이유는 야훼가 그에게 죽음을 선고하셨기 때문이다.

지침 4,1-43

오직 야훼 4,1-40

히브리인들은 호렙산과 프오르산에서 겪은 일로 다른 어떤 수호신도 아닌 오직 야훼만이 그들을 먹이고 보호하실 수 있음을 분명하게 알았다. 그러므로 모세는 그들에게 "태워 버리는 불이시며 질투하시는" 분이신 **야훼의 진노를 두려워하라**고 가르치는데, 여기에 사용된 단어들을 제대로 이해하는 것은 쉽지 않다.

4,1-40과 시편(시편 19,10; 22,24; 25,14; 33,8)에서 말하는 **두려움**은 야훼의 백성이 배은망덕한 행위로 처벌받지 않더라도 야훼께 감사하며 살도록 고무하는 경외심이다.

야훼의 진노라는 말에는 의인화와 비례성(렉스 탈리오니스lex talionis; 역자주: 라틴어 자체는 '동태복수법'을 뜻한다)이 결합되어 있다. 야훼도 사람처럼 분노에는 분노로 응답하신다. 히브리인들이 야훼께 화를 냈고, 이는 야훼를 화나게 만들었다.

질투하는 분이라는 표현은 야훼가 옹졸하거나 당신 백성을 위협하신다는 뜻이 아니라, 부모에게 가져야 할 존경심을 갖도록 요구하는 분임을 의미한다(32,18). 에제키엘은 야훼의 집에 있는 아세라 나무를 질투라고 부른다(에제 8,5). **창조주**와 **질투**를 뜻하는 히브리어 단어의 유사성을 활용한 이 말장난은 **모든 것의 어머니**라는 아세라의 공식 칭호를 조롱하는 것이다.

태워 버리는 불은 야훼가 에덴 동산을 지키고(창세 3,24) 히브리인들을 전투로 이끌 때 사용하신 무기인 번갯불이다(민수 21,27-30).

도피 성읍 4,41-43

고의로 또는 실수로 한 집안의 식구가 다른 집안의 식구를 죽였을 경우, 살인한 이가 도피 성읍으로 도망가야 하는 시련을 이겨 내면 재판을 받을 장소가 바뀌게 된다. 살인한 이는 시련을 통해 생명을 위협받는 힘든 경험을 한다. 만일 살인한 이가 살아남으면, 도피 성읍에 있는 회중은 그의 행위가 의도하지 않은 살인인지 고의적인 살인인지 결정한다. 만일 살아남지 못한다면, 살인한 이는 유죄이고 원고는 피고의 땅을 몰수한다.

야훼와 이스라엘의 계약 4,44-31,29

모세의 마지막 유언과 증언의 핵심은 야훼가 이스라엘과 맺으신 계약이다. 장 프랑소아 샹폴리옹Jean Francois Champollion(1790-1832)과 그 뒤를 이은 후고 빈클러Hugo Winckler(1863-1913)는 카데쉬 전투(기원전 1285) 후에 '람세스 2세(기원전 1279-1213)와 하투실리 3세(기원전 1286-1265)가 체결한 조약'을 번역했다. 히타이트인들은 후기 청동기 시대(기원전 1500-1200)에 이 장르를 발전시켰다. 초기 학자들은 '신명기 법전'(11,31-25,19)이 히타이트 조약의 다른 구성 요소들이 더해져 형성된 계약의 조항이라고 보았다. 곧, 보호자와 피보호자의 자격(5,1-6), 조약을 기록하고 공포하기 위한 규정(26,16-27,26), 조약 위반에 대한 저주와 조약 준수에 대한 축복의 목록(28,1-69), 증인들의 명단(29,1-31,29)이 그렇게 더해진 요소들이다.

머리말 4,44-49

신명기에는 적어도 3개의 머리말이 있다. 첫 번째는 신명기를 소개하고(1,1-5), 두 번째는 **야훼와 이스라엘의 계약**을 소개하며(4,44-49), 세 번째는 **신명기 법전**을 소개한다(6,1-3). 머리말이 담고 있는 의미는 그 정보만큼이나 중요하다. 이 시기는 이집트 탈출 직후로 백성들이 야훼의 현존을 짜릿하게 체감하던 때이다. 장소는 요르단 건너편 벳 프오르 근처로, 신성 모독 행위라는 유혹적이면서도 공포스러운 기억이 있는 곳이다. 적은 아모리족의 전사 시혼이고, 그의 나라는 그들보다 먼저 멸망했다. 화자는 백성의 노령의 조상 모세이다.

계약 자격 5,1-6

가장 단순한 자격 보증은 '나는 야훼, 너의 하느님'(탈출 20,2)이라는 선언에 담겨 있다. 야훼는 히브리인들을 시혼과 옥에게서 구하고, 피스가산에서 그들과 계약을 맺으셨다. 야훼가 이집트와 시리아-팔레스티나에서 하신 일은 이집트 탈출과 계약이 선형적 시간 속에 고정된 순간이 아니라, 순환되는 시간 속에 거듭 발생하여 야훼의 백성이 신명기 선포와 같은 의례를 통해 자신을 새롭게 하도록 이끄는 사건임을 강조한다. 야훼는 히브리인들이 때로 불충하는 신하라 하더라도 충실하게 계약을 지키는 군주이시다. 그런데도, 야훼는 그들에게 희망찬 미래를 보장하신다. 조상들은 아직 마음의 할례를 받지 않았기 때문에 실패했다. 이제 야훼는 이스라엘 백성의 마음에 할례를 베푸실 것이고, 그들은 이집트 탈출과 광야 이야기를 거듭 들려줌으로써 자기 집안을 생명에 이르도록 이끄는 어른이 될 것이다.

계약 규정 5,7-25,19

십계명 5,7-21

보호자가 피보호자에게 한 일이 무엇인지 설명한 뒤, 계약서는 피보호자가 그들의 보호자이신 하느님의 강복에 어떻게 감사를 드려야 하는지를 규정한다. 탈출기(탈출 20,1-17)와 마찬가지로 여기에서도 십계명(5,7-21)은 이어지는 지시 사항(5,22-25,19)의 도입부 역할을 한다.

오늘날에는 **십계명**이라고 불리지만, 탈출기(탈출 34,28)와 신명기(4,13; 10,4) 원문에는 **열 마디 말**로 되어 있다. 이 십계명은 사실 약 15개의 명령 동사로 이루어졌는데, 이들은 성경에 있는 명령과 금지 613개의 일부일 뿐이다. 명령은 해야 할 일이 무엇인지를 가르친다. 금지는 해서는 안 되는 일이 무엇인지를 가르친다. 십계명에서 명령은 "안식일을 지켜 거룩하게 하여라"(5,12)와 "아버지와 어머니를 공경하여라"(5,16), 이 둘 뿐이다. 명령과 금지는 평등한 관계에 있는 양식으로, 어느 하나가 도덕적으로 더 우월하지 않다.

손을 이용하여 암기하는 방법hand mnemonic은 고대 이스라엘과 같은 전통문화에서 흔한 교육 전략이다. 십계명은 열 손가락으로 셀 수 있는 지시 사항들이다. 다른 지시 사항들이 나타나는 곳에서는 명령과 금지가 때로는 12개(탈출 34,10-26), 9개(신명 22,1-12), 7개(신명 16,18-17,13), 5개(신명 10,12-11,1)로 되어 있다. 예수가 제자들에게 가르쳐 준 계명은 2개이고(마태 22,35-40), 무함마드가 가르쳐 준 계명은 5개이다(신앙 증언*Shahada*, 예배*Salat*, 자선*Zakat*, 단식*Saum*, 순례*Hajj*).

오늘날 유다인과 그리스도인, 심지어 특별한 종교가 없는 이들조차 십계명을 남녀노소 모두를 위한 개인적 윤리 규범으로 삼는다. 하지만 성경은 적절한 상황에서조차 십계명을 개인의 윤리 행위를 다루는 선례로 인용하지 않는다. 이스라엘 왕국의 아합과 이제벨(기원전 875-854)에 관한 기록에서 단과 베텔과 사마리아에 있던 그들의 성소는 단죄를 받지만 우상숭배 금지 규정(신명 5,7)은 언급되지 않는다. 미카와 그의 어머니에 관한 이야기(판관 17,1-13)에서 야훼를 위한 성소에 은으로 된 우상을 세운 일은 비난하지만 어떤 형상으로도 신상을 만들지 말라는 규정(신명 5,8-10)은 언급되지 않는다. 다윗을 심판할 때(2사무 11,1-12,31)에도 밧세바와 간음한 일은 문제 삼지만 간음을 금지한 규정(신명 5,18)은 언급되지 않는다. 벤야민 집안에 대한 심판(판관 19,1-21,25)에서 벤야민 자손들이 실로의 여인들을 납치할 수 있게 허락함으로써 그들에게 내린 처벌을 경감해 줄 때에도 납치를 금지한 규정은 언급되지 않는다(신명 5,19). 간통과 질투에 관한 가르침(민수 5,12-31)에서도 남편이 아내에게 거짓 증언을 하였는지를 조사하지만 위증을 금지한 규정은 언급하지 않는다(신명 5,20).

원래의 **모세의 가르침**(탈출 1,7-민수 27,11)에서, 십계명(탈출 20,2-17)은 집안의 가장에게 새로이 해방된 야훼의 백성이 어떻게 해야 삶을 보존할 수 있는지를 가르친다. 마지막 **모세의 가르침**(민수 27,12-신명 34,12)에서 십계명은 야훼의 백성이 새로이 얻은 땅에서 어떻게 하면 그들의 삶을 보존할 수 있는지 가르친다. 이 십계명은 청동기 시대 말에 일어난 경제적 혁명을 기념한 것이었는데, 그때 히브리 종들이 자유롭게 되고 그들에게 시리아-팔레스티나 땅이 재분배되었다.

알렉산드로스(기원전 336-323)가 시리아-팔레스티나를 정복했을 때 그리스인은 유다인을 스승이자 조언자, 꿈을 풀이하는 사람으로 존중했다. 하지만 이후의 그리스 통치자들은 유다 문화를 야만적이라 여기고, 그들이 일을 처리하는 방식은 원시적이며, 그들의 세계관은 반역이라고 간주했다. 이에 대응하여 유다 하스몬 왕조의 아리스토불로스 1세(기원전 104-103)와 알렉산드리아의 필론(기원전 15-기원후 50) 같은 유다인 학자는 성경 속 본래의 사회적 맥락으로부터 십계명을 분리하여 모든 이에게 유효한 윤리 철학으로 사용하기 시작했다. 이는 최고의 그리스 철학만큼이나 보편적이고 세련된 철학이었다. 이러한 윤리적 십계명은 오늘날 대부분의 유다인과 그리스도인에게 익숙한 표준 해석이 되었고, 그들의 신앙 전통 속 윤리적 가르침의 토대가 되었다.

《십계명과 그 문화적 영향*The Decalogue and Its Cultural Influence*》(2013)을 쓴 도미니크 마클Dominik Markl과 다른 여러 저자는 십계명이 역사적으로 어떻게 받아들여졌고 재해석되었는지를 보여 준다. 이들은 오경과 초기 번역본, 신약성경에서 시작하여, 중세를 거쳐 마침내 계몽주의의 영향을 받은 서구 유럽과 북미 문화 속 십계명의 수용과 재해석을 개괄한다. 예를 들어 토마스 아퀴나스는 십계명을 계시가 아닌 일반 상식에서 비롯된 자연법으로 간주했으며, 따라서 모든 이가 쉽게 이해할 수 있다고 생각했다. 종교 개혁에 가담한 목사들은 신자들이 《공동 기도서*The Book of Common Prayer*》에 포함된 십계명을 외우기를 기대했고 교리와 설교, 신앙 문학에 널리 사용했다. 이렇게 광범위한 연구는 십계명이 여전히 강력한 영향을 미치고 있음을 분명하게 보여 준다.

유다인은 십계명을 하느님과의 관계를 다루는 5개의 가르침(5,6-10)과 이웃과의 관계를 다루는 5개의 가르침(5,11-21)으로 나눈다. 그리스도인은 하느님과의 관계를 다루는 3개의 가르침(5,6-15), 이웃과의 관계를 다루는 7개의 가르침(5,16-21)으로 나눈다. 일부 그리스도인은 첫 두 계명(5,7-8)을 하나로 합치고 마지막 계명(5,21)을 둘로 나눈다. 십계명 자체는 쿠란에 나오지 않지만, 신상을 만들지 말고 오로지 알라만을 섬기라는 쿠란의 가르침은 이 책이 신명기에 나오는 십계명을 어떻게 이해하고 평가했는지를 보여 주는 사례다.

"너에게는 나 말고 다른 신이 있어서는 안 된다"(5,7). 현대의 유다인과 그리스도인, 그리고 무슬림의 유일신론은 오로지 하느님만이 존재하신다고 가르친다. 하지만 신명기가 가르치는 것은 단일신론 henotheism이다. 이스라엘을 보호하는 하느님은 야훼이시고, 다른 여러 신은 다른 민족들을 보호하는 신이라는 것이다.

"너는 위로 하늘에 있는 것이든, 아래로 땅 위에 있는 것이든, 땅 아래로 물속에 있는 것이든 어떤 형상으로도 신상을 만들어서는 안 된다…"(5,8-10). 이집트와 메소포타미아에 사는 이웃 민족과 달리, 히브리인들은 조형물을 이용해 자기 수호신이 하는 일을 통제하거나 미래를 알려 주도록 자기 수호신을 속이고 조종하지 않았다. 대신 히브리인들은 남성(탈출 19,16-17)과 여성(호세 11,3-4), 그리고 동물(애가 3,10-12)에 관한 경험에서 가져온 풍부한 은유들이 가득한 이야기로 야훼의 모습을 묘사했다.

"주 너의 하느님의 이름을 부당하게 불러서는 안 된다"(5,11). 이

계명은 사기를 치지 않도록 가르친다. 이스라엘은 야훼를 증인으로 내세운 계약을 맺을 때 자신의 경제적 자원을 거짓으로 제시해서는 안 된다. 지키지 못할 계약에 야훼를 증인으로 삼는 것은 야훼를 거짓말쟁이로 만드는 일이기 때문이다.

"주 너의 하느님이 너에게 명령한 대로 안식일을 지켜 거룩하게 하여라…"(5,12-15). 오늘날 파업이 노동자들이 경제에 얼마나 많이 이바지하는지를 드러내듯이, 이 계명에서 휴식은 인간의 노동이 아니라 오로지 하느님의 일만이 일상생활을 가능하게 한다는 사실을 드러낸다. 종이나 경계인에게 하루 휴식을 주는 관습은 고대 이스라엘에서만 찾아볼 수 있다. 성경 시대에 다른 어떤 문화에서도 이러한 사회 계층에게 휴일을 허락하지 않았다.

"아버지와 어머니를 공경하여라"(5,16). 여기에서 '공경'이라는 말은 부모가 살아 있을 때 상속자가 그들을 부양하고 보호하며, 그들이 죽은 후에는 제대로 장례를 치르고 무덤을 돌보아야 한다는 것을 의미한다. 남성을 우대하고 여성을 배제하는 문화를 옹호하는 이들은 신명기에 나오는 여성에 관한 가르침을 자주 들먹인다. 반면 어떤 여성 인권 활동가들은 신명기를 완전히 무시한다. 하지만 캐럴 마이어즈Carol Meyers는 성경 속 여성에 관한 가르침들은 이질 위계적heterarchical 문화를 반영한다고 본다. 곧 남성과 여성이 동등하지도 않고 어느 한쪽에 종속적이지도 않으며, 서로 다른 사회적 맥락에서 서로 다른 형태의 권한을 행사한다는 것이다(Meyers 2013: 180-202). 여성은 음식을 만들고, 집 안에서 사용하는 물품을 제조하며, 상속자들 간의 갈등을 중재한다.

“살인해서는 안 된다”(5,17)는 사형 제도, 정당방위, 전쟁을 금하는 것이 아니라 살인을 금하는 계명이다. 이스라엘은 살해(5,17)나 간음(5,18), 납치(5,19), 탐욕(5,21) 등으로 서로 경쟁해서는 안 된다.

“간음해서는 안 된다”(5,18). 간음은 기혼 여성에 대한 성폭력만이 아니라 경제적 손해를 끼치는 행위였다. 기혼 여성은 금기 대상이었는데, 오로지 정해진 한 명의 남성만이 자기 아내와 성관계를 할 수 있었기 때문이다. 혼인은 두 집안이 계약을 맺어 자식을 낳고 땅에 농사를 짓거나 방목을 할 수 있는 권리를 합법화하는 행위였다. 그러므로 간음은 한 집안이 가진 땅과 사람에 대한 권리를 직접적으로 위협하는 행위였다.

“도둑질해서는 안 된다”(5,19)라는 계명은 종으로 팔기 위해 사람을 납치하는 행위(창세 37,12-36; 탈출 21,16)를 포함해 다른 사람의 재산을 빼앗는 행위를 금지한다. 간음과 마찬가지로 납치는 경제적 손해를 끼치는 행위다. 가장들은 자기 집안의 여성과 아이들을 담보로 잡힐 수는 있지만 팔 수는 없다. 그들의 소유자는 그 집안의 가장이 아니라 야훼이시기 때문이다.

“이웃에게 불리한 허위 증언을 해서는 안 된다”(5,20). 이스라엘 백성은 갈등을 해결하는 공동체 집회 앞에서 거짓 증언을 해서는 안 된다. **이웃**이라는 말은 다른 모든 사람을 의미하지 않고 **히브리인 이웃**만 가리킨다. 공동체의 판결은 거의 전적으로 구두 증언에 의존했고 물증을 토대로 진행된 사례는 매우 드물었다. 어떤 집안이 중대 범죄로 고발을 당했다면 단 두 사람의 증인만 증언을 하면 유죄판결을 받을 수 있었다(17,6). 따라서 허위 증언은 공동체가 문제를 해결하고 폭력을 줄이는 능력을 파괴했다.

“이웃의 아내를 탐내서는 안 된다. … 이웃의 재산은 무엇이든지 욕심내서는 안 된다”(5,21). ‘탐내다’는 그저 다른 집안의 땅이나 사람을 차지할 공상에 빠진다는 뜻이 아니라, 실제로 차지하려고 행동에 옮긴다는 뜻이다. 남의 재산에 욕심을 낸다는 것은 야훼가 이미 모든 집안에 필요한 것을 주셨음을 믿지 않는다는 뜻이다.

야훼의 백성으로 살기 시작함 5,23-33

소명 이야기(탈출 2,23-4,23; 이사 6,1-13; 예레 1,4-19)에서 예언자들은 야심만만하게 나서지 않고 하느님의 부르심에 겸손하게 응답한다. 이 장면에서 야훼는 히브리인들을 구름으로 덮여 있고 천둥과 번개와 함께 분출하는 화산으로 이끄신다. 히브리인들은 모세(탈출 3,11-12)와 이사야(이사 6,5-7)가 그랬던 것처럼 망설인다. 그러자 야훼는 모세를 대신해 말하도록 아론을 지정하셨듯이(탈출 4,10-17) 그들 대신 이야기하도록 모세를 지정하신다.

지침 6,4-11,30

오직 야훼 6,4-25

성경의 세계에서 야훼는 신들의 모임 가운데 가장 **강한** 존재였지만 **유일한** 존재는 아니었다(4,1-40). 원래 히브리인들은 세상을 창조한 그들 조상의 수호신 엘*El*과 그들을 이집트 종살이에서 구원한 야훼를 모두 섬겼다. 그러나 시간이 지나면서 이 두 신학을 하나로 합쳐 야훼를 자신들의 유일한 수호신으로 모시게 된다.

유다인은 "너희는 마음을 다하고 목숨을 다하고 힘을 다하여 주 너희 하느님을 사랑해야 한다"(6,5)라는 명령을 신앙 고백 기도로 사용한다. 그리스도인은 그 말씀을 예수의 가르침으로 보존한다. "네 마음을 다하고 네 목숨을 다하고 네 정신을 다하여 주 너의 하느님을 사랑해야 한다"(마태 22,37). 비록 쿠란에는 나오지 않지만 무슬림은 "알라는 (그 무엇보다) 위대하시다"(아랍어로 알라후 아크바르*'Allahu Akbar*)라는 문구를 예배를 시작할 때마다 외운다.

성경은 미혼 여성과 남성의 관계(아가 8,1-4)나 아버지와 어머니의 관계(창세 24,67), 아버지와 소실의 관계(탈출 21,7-11)를 묘사하기 위해 감정적 언어를 사용한다. 하지만 여기에서 '사랑한다'는 말은 '야훼와 맺은 계약적 의무를 다한다'는 뜻으로 이해하는 것이 좋다.

이민족 7,1-26

신명기는 야훼의 백성에게 히타이트족, 기르가스족, 아모리족, 가나안족, 프리즈족, 히위족, 여부스족과 같은 이민족을 피하거나 죽여 버리라고 가르친다. 이들의 종교는 자기 수호신을 조종하려 하기 때문이다. 반면 야훼의 백성은 미래를 알거나 바꾸기 위해 자기 수호신을 조종하지 않았고, 이는 그들의 문화적 정체성의 본질적 특성이었다.

신명기와 여호수아기(여호 3,10)만이 시리아-팔레스티나 민족의 수를 **일곱**으로 보는데, 이는 야훼가 혼돈을 질서로 바로 잡으실 때 사용된 기본 숫자이다(창세 1,1-2,4). 적어도 두 가지 관찰 결과가 이 숫자에 담긴 의미를 알려 준다. 첫째, 사람이 육안으로 볼 수 있는 천체의 수는 태양, 달, 수성, 금성, 화성, 목성, 토성, 이렇게 일곱이다. 둘째, 달은 4주를 주기로 도는데 한 주는 7일로 구성되어 있다. 여기서 야훼의 백성은 혼돈을 상징하는 일곱 민족에 맞서 창조를 재연한다.

히브리인들은 이러한 토착 민족들에게 이끌렸다. 그들의 땅만이 아니라 그 땅을 일구는 방법에 대한 지식도 원했기 때문이다. 하지만 땅을 얻기 위해 이민족 여성과 혼인한다는 것은 히브리인들에게 땅과 백성을 주신 분이 야훼가 아니라, 토착 민족의 수호신들임을 받아들인다는 뜻이었다.

이런 지침들은 모든 전쟁이 전면전이라는 험난한 현실을 반영한다. 전쟁을 규칙에 따라 하는 운동경기처럼 바꾸려 했던 제네바 협약(1864)조차도 전쟁의 잔혹함을 제거하지 못했다. 성경의 배경이 되는 세계에서 전면전은 4세대에 걸쳐 치러졌다. 첫째, 전장에서 병사들은 현 세대를 무찌른다. 둘째, 아이를 가질 수 있는 여인을 강간하고 임신한 여인의 배를 가르고 갓난아기를 학살함으로써 미래 세대를 파괴한다. 셋째, 시신을 훼손함으로써 과거 세대를 무찌른다. 넷째, 적의 수호신상의 머리를 자르고 코를 부수고 눈을 빼내어 자기 나라로 가져감으로써 영원의 세대를 무찌른다.

《강탈하는 민족들: 고대 이스라엘과 20세기 르완다의 인구 증가, 식량 부족, 집단 학살》(2016)에서 레모스T.M Lemos는 집단 학살이 마구잡이 폭력인 경우는 드물고 보통은 고갈되는 자연 자원을 두고 벌어지는 공동체 간의 경쟁이 서서히 발전한 결과라고 주장한다. 하지만 이러한 경쟁만으로는 성경 시대에서나 오늘날에나 집단 학살이 일어나지 않는다. 집단 학살의 복잡한 원인들 가운데 하나는 의례적 폭력이 강력한 문화 정체성을 만들어 낸다는 것이다. 우리는 우리가 어떤 사람이 아닌지를 알 때에만 우리가 어떤 사람인지를 알게 된다. 그리고 집단 학살은 실제이든 상상 속이든 우리가 어떤 사람이 아닌지를 분명히 가르쳐 준다. 그러므로 야훼의 백성이라는 정체성을 부여하기 위해 신명기는 광야 세대에게 이민족이 차지하고 있던 땅을 주시고 그들과 연관된 모든 것, 이를테면 그들의 여성과 아이들, 성소, 곡물, 가축 등을 완전히 제거하라고 요구하시는 야훼의 모습을 그려낸다. 그들은 전적으로 타자이기 때문이다.

주님의 은혜 8,1-20

오늘날에는 인간을 시험하시는 하느님을 이야기하는 신학이 흔하다.

하지만 여기에서 야훼는 고발하는 분이 아니라, 히브리인들이 새 땅에서 겪게 될 생존 위협을 이겨 내도록 광야에서 그들을 훈련시키고 가르치는 부모와 같다.

가족을 위해 옷과 신발을 만들고 수선하는 훌륭한 어머니처럼, 야훼는 광야 세대 백성들의 옷과 신발이 낡고 닳도록 두지 않으셨다. 가족을 위해 곡식을 갈아 빵을 구워 주는 좋은 어머니처럼, 야훼는 그들을 만나로 먹이셨다. 만나는 곤충이 타마리스크 나무껍질을 헤집고 다녀 수액이 나와 마르게 되었을 때, 또는 양분을 먹은 곤충의 배설물이 마르게 되었을 때 생겨났다.

은혜로운 삶의 태도는 원하는 복을 청하지 않고 이미 받은 복을 발견하고 감사히 받아들이는 것이다. 용서받지 못할 죄는 받은 복을 잊고, 오만하게 되고 자신의 힘을 믿는 것이다.

광야 세대에 대한 심판 9,1-10,11

심판은 고발(9,1-11), 판결(9,12-17), 탄원(9,18-29), 형을 가볍게 함(10,1-5.10-11)으로 구성되어 있다. 형의 경감은 아론의 사망 기사(10,6-7)와 레위 집안의 성별(10,8-9)을 가운데에 품고 있다.

다른 심판들은 완고함(9,10-10,11), 목이 뻣뻣한 행동(탈출 32,9), 불평(탈출 14,10)을 들어 광야 세대를 고발한다. 이 심판에서 그들은 야훼를 위해 금박을 입힌 황소 받침대를 만들었다고 고발당한다. 배 boats, 사자, 말, 황소 등의 모양으로 만든 받침대는 신상이 아니라 자기 땅과 백성을 방문하거나 적에 맞서 전투 행렬을 할 때 수호신을 나르는 도구이다. 야훼는 유다 왕국에서는 계약 궤 위에 서서 타셨고 이스라엘 왕국에서는 황소, 곧 **금송아지**(1열왕 12,25-33) 위에 타셨다.

아론의 사망 기사는 황소 받침대를 만들 때 그가 했던 역할에 대한 판결이다. 아론이 받침대에 금박을 입히려고 여인들의 금 고리를 징발하고(탈출 32,2) 여인들은 춤을 추며 그 받침대의 완성을 기념했지만(탈출 32,19), 신명기는 그런 행위들을 고발하지 않는다.

모세는 야훼에게 광야 세대의 불충을 눈감아 주시고 그들에게 내려진 판결을 거두어 달라고 간청한다. 대신 아브라함과 사라, 이사악, 레베카, 야곱, 레아, 라헬과 같은 그들 조상의 충성을 기억해 달라고 호소한다. 그러자 야훼는 형을 감해 주시고 모세에게 새로 돌 판을 만들게 하신다.

야훼와 이스라엘의 계약 10,12-11,30

더 큰 계약(4,44-31,29) 안에 포함된 이 계약(10,12-11,32)은 5개의 계명(10,12-11,1)과 역사(11,2-9), 보증(11,10-21), 축복과 저주(11,26-28), 그리고 선언 방식에 대한 지시(11,29-32)로 이루어져 있다. 여기서 십계명(5,7-21)과 맞닿아 있는 지침은 두 가지뿐이다. 곧 "마음을 다하고 목숨을 다하여 주 너희 하느님을 섬기는 것"(10,12)과 "그분의 이름으로만 맹세해야"(10,20) 한다는 것이다. 그 외의 계명들은 다른 곳에서 찾기 어렵다. "그분의 모든 길을 따라 걸으며"(10,12), "너희 마음에 할례를 행하고"(10,16), "이방인을 사랑해야 한다"(10,19)라는 계명이 그러하다.

너희 마음에 할례를 행하라는 계명은 계약 규정들을 외적으로 지키는 것만으로는 충분하지 않으며, 그것들을 모두 지키겠다는 내적 결심도 확고해야 함을 강조한다. 이집트인과 히브리인을 포함한 시리아-팔레스티나의 셈족 사람들은 아들들에게 할례를 행했다. 반면 아시리아인과 바빌로니아인, 필리스티아인, 그리스인, 로마인은 그렇게 하지 않았다. 신명기는 할례를 계약 의식(창세 17,1-27)으로 언급하지 않고, 단지 은유로만 사용한다. 할례는 사춘기 남성의 성적 감각을 활성화하여 성관계를 갖도록 준비시킨다. 할례를 받지 않은 마음(예레 4,1-4)은 야훼에 대해 무감각하다. 여기에서 야훼는 오로지 회개하는 사람들의 마음만 활성화하시지만, 나중에는(신명 30,6) 모든 이의 마음을 조건 없이 변화시켜 활발하게 하신다.

이방인과 친구가 되는 것은 집안들에게 큰 도전이었다. 일반적으로 성경의 배경이 되는 세계에서 내부인들은 외부인들을 자기 집안의 위협으로 보고 종으로 만들거나 죽였다(창세 12,9-13,1; 19,1-38). 이에 반해 신명기는 고대 이스라엘 집안들에게 자기 땅과 원래 집안에서 쫓겨난 사람들을 야훼의 백성으로 받아들이라고 스물두 번이나 촉구한다. 《신명기에서 이방인들을 친척으로 받아들이기 *Adopting the Stranger as Kindred in Deuteronomy*》(2018)에서 마크 글레빌Mark R. Glanville은 어떻게 신명기가 히브리 집안들이 이민자들을 환영하고 그들을 마을의 사회적(신명 15,1-8), 법적(1,9-18), 전례적(16,1-17) 삶에 포함시키길 기대하는지를 보여 준다. 결과적으로 오늘날 개방적 국경open borders을 지지하는 사람들은 이러한 전통을 그들의 입장을 뒷받침하는 근거로 자주 인용한다.

야훼는 종들을 해방시키는 전사이자 땅에 물을 주는 두무지(탐무즈)와 같은 정원사로 소개된다. 수메르의 〈두무지와 인안나의 연애시〉(기원전 3200-1800)는 죽음으로 갈라진 두 연인의 이야기뿐 아니라, 비가 멈추면 땅이 죽고 비가 다시 오면 땅이 되살아나는 이야기를 들려준다. 나일강의 넉넉한 물 덕분에 이집트 땅은 매년 풍작을 이루었다. 하지만 이스라엘에는 비가 일정하게 내리지 않아서 좋을 때에는 한 해에 10배의 수확을 얻었지만, 대체로 10년 중 2년은 수확물이 아주 적거나 아예 없었다. 그럼에도 신명기 계약은 이집트의 수확을 인간 손으로 하는 노동집약적 작업으로 여기고 이스라엘의 수확은 수고 없이 주어지는 하느님의 복으로 여긴다.

사해 인근 쿰란 지역에 야하드*Yahad*(역자주: 히브리어로 '연대, 연합, 일치'라는 뜻이다) 공동체를 세운 유다인들(기원전 135-기원후 68)은 어쩌면 다음과 같은 가르침에서 영감을 받은 유다인의 관습을 처음 따른 이들일 수 있다. "너희는 나의 이 말을 너희 마음과 너희 정신에 새기고 너희 손에 표징을 묶고 이마에 표지로 붙여라"(11,18)라는 가르침과 "그것을 너희 집의 문설주와 대문에도 써 놓아라"(11,20)라는 가르침이다. 여기에서 영감을 받은 첫 번째 관습은 성구갑*tefillin*에 관한 것이고 두 번째는 메주자*mezuzah*(복수형 *mezuzot*; 역자주: 단어 자체는 '문설주'라는 뜻이다)에 관한 것이다. 유다인들 가운데에 여전히 이런 관습을 따르는 이들이 드물지 않다.

율법학자들은 탈출기(탈출 13,1-10.11-16)와 신명기(6,4-9; 11,13-21)에서 각각 두 부분을 골라 작은 양피지 두루마리에 적는다. 그러고는 그 두루마리들을 작은 가죽 상자, 곧 성구갑에 넣는다. 아침 기도를 준비할 때 신실한 유다인들은 가죽 끈으로 상자 하나를 이마에, 다른 하나는 오른팔이나 왼팔에 묶는다. 고고학자들은 쿰란, 와디 무라바아트*Wadi Murabba'at*, 나할 헤베르*Nahal Hever*, 나할 세엘림*Nahal Se'elim*에서 약 24개의 **성구갑** 두루마리를 발견했다.

메주자 두루마리를 만들기 위해서는 신명기의 두 부분(6,4-9; 11,13-21)을 양피지 위에 적는다. 유다인들은 그 두루마리를 장식이 된 작은 상자에 넣고 그것들을 대문 문틀에 붙인다. 그리고 집이나 예배 장소를 드나들 때 기도하는 마음으로 그 **메주자**를 만진다. 고고학자들은 쿰란에서 8개를, 와디 무라바아트에서 1개를 발견했다.

신명기 법전 11,31-25,19

알브레히트 알트Albrecht Alt(1883-1956)는 '신명기 법전' 안에 조건법case laws과 절대법apodictic laws을 구분했다. 조건법에는 **만일**if이나 **언제**when라는 말로 시작하고 상황을 묘사하는 종속절이 있다. 주절은 **그러면**then이라는 말로 시작하고 그 상황을 해결하기 위한 절차를 설명한다. 알트는 사법 기관들이 집안 사이의 분쟁을 해결하기 위해 신명기의 조건법을 사용했다고 주장했다. 하지만 오늘날에는 '신명기 법전'을 구성하는 전승들을 대체로 야훼 백성의 일상생활을 형성하기 위한 지침으로 이해한다.

표제 11,31-12,1

귀스타브 즈퀴에르Gustave Jequier(1868-1946)는 수사*Susa*에서 '함무라비 법전'(기원전 1792-1750)이 쐐기문자로 새겨진 약 2미터 높이의 기둥을 발견했다. 이 법전은 함무라비의 군사적 승리와 정치적 지지를 기록한 목록으로 시작되며, 그 뒤에 약 300개의 법 조항이 이어진다. 분명 이 조항들은 신명기에서 그렇듯이 무작위가 아니라 의도적으로 배열되었지만 그 의도가 무엇인지는 아직 분명하게 확인되지 않는다. '슐기 법전'(기원전 2094-2047)과 '리피트-이슈타르 법전'(기원전 1934-1924)에 영향을 받은 '함무라비 법전'은 바빌론의 윤리적 가치와 법 이론, 정치학, 사회 구조들을 다루었고 이후 1,000년간 여러 문화에 영향을 미쳤다.

율리우스 벨하우젠Julius Wellhausen(1844-1918)과 같은 초기 학자들은 탈출기와 레위기, 신명기가 '함무라비 법전'과 같은 법전이라고 생각했다. 그리고 '계약 법전'(탈출 20,22-23,33)이 먼저 나왔고, '신명기 법전'이 그 다음에, 그리고 마지막에 '성결법'(레위 17,1-26,46)이 나왔다고 보았다. 나라를 다스리기 위한 법전은 왕정과 군대, 세금, 무역 등에 관심이 있다. 반면 '신명기 법전'은 이집트의 〈아멘엠오페의 가르침*Teachings of Amen-em-ope*〉이나 아시리아의 〈아히카르의 가르침*Teachings of Ahiqar*〉과 같이, 인간 삶의 가치와 존엄성(23,16-17; 21,10-14; 25,1-3; 21,22-23; 22,1-12), 사람들 사이의 사회적 관계(15,1-18; 23,25-26; 21,15-17), 동물에 대한 합당한 대우(22,1-12) 등에 관심을 더 기울인다. 신명기는 누구도 가정과 땅 없이 살아가지 않는 새로운 세상을 꿈꾼다.

성소 12,2-28

하느님의 산(탈출 3,1)과 여기에서 말하는 성소에는 원래 이름이 없었다. 하지만 후에 집안들은 하느님 산을 시나이산(33,2)이나 호렙산(1,2; 4,10.15; 5,2; 9,8; 18,16; 28,69), 느보산(32,49; 34,1), 피스가산(3,17.27; 4,49; 34,1) 등으로 불렀다. 그리고 성소는 에발산(11,29; 27,4.13)이나 그리짐산(11,29; 27,12)과 동일시했다. 피스가산과 느보산은 아바림 산맥의 두 봉우리이다(32,49). 모세는 피스가산에서 유언을 공표하고 느보산에서 세상을 떠났다.

신명기는 땅 없이 이집트에서 종살이하고 있던 이스라엘의 조상들을 이끌어내시고 그들에게 시리아-팔레스티나 땅을 주신 거룩한 수호신인 야훼를 기억하고 감사드릴 것을 구상한다. 이스라엘 백성은 1년에 3번 단일 성소에서 예배하는 것이다.

야훼가 선택하신 '장소'(히브리어로 마콤*maqom*)인 이 성소가 자리한 땅은 야훼의 백성을 시리아-팔레스티나 사람들이나 아시리아 사람들, 그리고 지상의 모든 민족들과 구별한다. 야훼의 백성이 하나의 성소에서 자기 수호신에게 예배를 드릴 때에만 아브라함과 사라에게 약속된 땅과 후손이 보존될 것이다. 신명기에서 예배를 드려야 하는 산은 스켐을 내려다보는 에발산과 그리짐산(10,12-11,30; 26,16-27,10)이다. 하지만 다윗과 솔로몬의 실록(1열왕 8,54-64)에서는 그 산이 예루살렘에 있는 시온산이다.

예배의 중앙집중화는 분명 신명기의 주요 주제이다. 하지만 성경과 고고학에서 발견되는 야훼 예배의 중앙집중화에 대한 증거는 일관되지 않고 상충된다. 고고학 연구는 아랏과 브에르 세바에 있던 야훼 성소는 폐쇄되었지만 이집트 남부 엘레판틴섬에 있던 야훼 성소는 그렇지 않았음을 보여 준다. 더구나 히즈키야가 유다의 독립을 선포(기원전 705)한 후 아시리아가 침공하기 전까지 유다에 있는 다른 공식 지역 성소들이 폐쇄되었다는 증거는 거의 없다. 이스라엘과 유다 임금들의 실록(1열왕 12,1-2열왕 25,30)에는 산헤립(기원전 704-681)의 대신 하나가 히즈키야가 지역 성소들을 폐쇄한 죄 때문에 야훼가 아시리아를 보내 벌하셨다고 선언하는 장면이 있다. 하지만 산헤립의 전리품실 벽에 새겨 놓은 그의 실록에는 아시리아의 병사들이 유다 왕국의 라키스에서 야훼의 지역 성소를 약탈하는 모습이 묘사되어 있다. 그러니 신명기는 이러한 종교 개혁이 **언제** 일어났는지가 아니라, 야훼의 백성이 **왜** 아시리아와 바빌론과 같은 이민족에게 땅을 빼앗겼는지를 설명하는 것일 수 있다.

우상숭배 12,29-13,19

핵심 규정(12,29-13,6)은 야훼가 아닌 다른 수호신을 섬기도록 집안들을 유혹하는 이방인 예언자나 환몽가들에게 사형을 선고하도록 정한다. 보조 규정(13,7-12)은 집안을 유혹하는 계약 당사자와 어머니, 형제, 아들, 딸 등 가까운 가족에게도 같은 처벌을 내린다. 그다음 규정(13,13-19)은 마을에 있는 다른 모든 집안이 야훼를 버려도 이스라엘 백성의 집안은 야훼께 끝까지 충성하고, 우상숭배를 하는 이웃과 그들의 모든 재산을 야훼께 봉헌해야 한다고 강조한다.

장례 풍습 14,1-2

성경의 배경이 되는 세계에서 여성은 방금 죽은 이를 사후 세계로 인도하는 역할을 했다. 그들은 고통을 드러내기 위해 의도적으로 얼굴을 다치게 하고 머리를 흉하게 하거나 자기 몸에 상처를 내었다. 그뿐 아니라 죽은 사람처럼 꾸며 무덤에서 기다리는 이미 오래전에 죽은 이들에게서 자신을 보호하고자 했다(Matthews and Benjamin 1993: 56-77). 그러나 이러한 자해는 부적절한 행위로 여겨졌는데, 애도하는 이들이 죽은 이들을 마치 신처럼 대하며 그들 앞에 굴종했기 때문이다(예레 16,6). 그렇다고 모든 행동이 부적절한 것은 아니었다. 치포라(탈출 4,24-26)와 히브리인들(탈출 12,7)은 야훼 앞에서 자신을 낮추기 위해 자해하거나 죽은 사람처럼 행동했지만 비난받지 않았다. 마찬가지로 아들들을 야훼의 보호 아래 두기 위해 통과의례를 행할 때 그들 몸에 상처를 내어 할례와 문신을 했다(창세 4,15).

음식 14,3-21

여성은 음식을 만들고 배식을 했기에 집안 내에서 상당한 권위를 가질 수 있었다. 식단은 공동체 내에서 '내부인'이 누구인지 식별하는 수단이었다. 야훼의 백성은 창조 이야기(창세 1,1-2,4) 속 질서 잡힌 세계관을 반영하는 음식만을 먹었다. 그들은 **혐오스럽다**거나 **불결하다**고 여겼던 잡탕 음식도 먹지 않았다. 또한 새끼 염소를 어미의 젖에 요리한 것과 같이 하느님의 질서를 뒤흔드는 음식을 먹지 않았다. 야훼는 새끼 염소의 생명을 유지하라고 어미에게 젖을 주셨지 그것을 죽이라고 주신 것이 아니었기 때문이다.

일반 가정은 곡물을 주식으로 삼았으며, 이는 전체 식단의 75퍼센트를 차지했다. 그 밖에도 무화과와 참깨, 꿀, 대추, 소금, 커민(향신료)으로 맛을 더한 포도주와 올리브를 먹었다. 그들은 우유를 얻고 특별한 경우에 고기를 먹을 수 있도록 가축을 길렀다(창세 18,1-15). 예를 들어 엔 도르의 여인(1사무 28,1-25)은 손님을 위해 송아지 요리를 내놓았다. 이사악은 에사우에게 사냥한 고기를 청했지만 레베카는 그에게 염소 고기를 요리해 주었다(창세 27,1-40). 왕궁에서는 여기에 신선한 야채(1열왕 21,1-29)와 해산물, 그리고 송로 버섯이나 타조 알, 메뚜기와 같은 이국적인 식재료를 더했다. 여성들은 보리 맥주도 만들었는데, 이는 음식(1사무 1,15)만이 아니라 희생 제사나(민수 28,7) 여흥을 위해(잠언 31,6) 사용되었다. 맥주는 큰 그릇에 담아 갈대로 만든 빨대로 마셨다. 다만 현인들(잠언 31,4)과 나지르인(민수 6,3), 그리고 일부 사제들(레위 10,9)은 마시지 않았다.

시리아-팔레스티나는 돼지를 기르기에 거의 완벽한 환경이었다. 하지만 돼지는 물과 곡식을 두고 인간과 직접 경쟁하기에 먹을 수 있는 음식에서 제외되었다. 필리스티아인과 그리스인은 돼지고기를 먹기 위해 다시 돼지를 길렀다. 돼지고기를 먹지 않는 관습은 야훼의 백성을 서부 지중해 연안에 사는 사람들이나 메소포타미아인과 구별하는 문화적 표지였다.

십일조 14,22-29

단지 10퍼센트만 거두는 십일조는 성경 시대에 널리 퍼져 있던 세율을 대폭 낮춘 것이었다. 시리아-팔레스티나 지역에는 두 차례 수확이 있었다. 통치자들은 보통 첫 번째 수확물 전체를 가져가(아모 7,1) 병사들과 사제, 왕궁의 다른 식솔, 그리고 다른 나라와 맺은 계약에 따른 조공으로 사용했다. 일반 가정은 두 번째 수확기에 거둔 더 적은 곡식으로 살아가야 했다.

처음 두 차례의 십일조 재분배는 역진세로 볼 수 있다. 수확물은 힘있는 자들에게 재분배되었다. 반면 세 번째 해의 십일조는 누진세에 가까운데, 수확물을 힘없는 여성과 아버지가 없는 고아, 상속받을 아들이 없는 과부에게 나누어 주었기 때문이다. 누진적 십일조는 권력자와 약자의 삶의 균형을 유지시켜 굶주림과 혁명을 막았으며, 이는 결국 모두의 생존 능력을 지키는 역할을 했다.

신명기는 "이방인과 고아와 과부"(14,29)를 동일한 사회적 소외 계층으로 분류한 최초의 성경 구절이다. 성경의 세계에서 **고아와 과부**는 자기 집안이나 땅이 없어서 남의 집안 소유의 땅에서 일했던 **품팔이꾼**들을 일컫는 관용어였다. 신명기는 이 표현으로 그런 의미를 전달하되 **이방인들과 레위인들**을 더해 야훼의 백성을 형제자매로 보는 관점을 뒷받침한다.

빚 탕감 15,1-18

땅과 백성은 야훼의 소유이기에 그것들을 저당 잡아서도 팔아서도 안 된다. 가장들은 빚을 갚기 위해 자기 집안의 여성과 아이들을 종으로 보내기도 했다. 야훼의 소유권을 인정하는 차원에서 저당으로 잡은 땅과 여성, 아이들은 정기적으로 원래 집안에 되돌려주어야 한다. 이러한 사회제도는 한 산출 주기가 끝나고 다음 산출 주기로 들어가기 전에 자발적으로 땅을 쉬게 하여 생명력을 되살리는 역할도 했다. 이는 삶과 죽음의 정해진 자연 순환을 따르는 것이었다.

'함무라비 법전'(117조)도 빚 때문에 종이 된 이들을 정기적으로 해방하라고 가르친다. 통치자들도 경제를 재구성하기 위해 즉위할 때 빚 탕감을 선포했다. 그럼에도 고고학자들은 그러한 빚 탕감이 실제로 실행되었다는 증거를 찾지 못했고, 경제적 관점에서도 가정이 노동력, 수확물, 가축을 1년 내내 포기하고도 굶주리지 않을 수 있는 모델은 존재하지 않는다. 그러므로 이러한 규정은 실제로 존재하지 않은 유토피아를 그린 것일 수 있다.

맏배 15,19-23

어떤 집안은 자신의 맏아들(탈출 11,1-10; 13,1-2; 22,29; 2열왕 3,1-27)과 딸(판관 11,1-40)을 희생 제물로 바쳐 자신이 야훼에게 완전히 의지하고 있음을 드러내려 했다. 하지만 대부분 사람들은 맏아들 대신 맏배 어린양을 제물로 바쳤다.

순례 16,1-17

집안들은 성소로 순례를 가 3~4월 어린양의 출생(페사흐*pesaḥ*), 6~7월 보리와 밀 수확(샤부옷*šābu'ōt*), 그리고 7월 곡식과 포도 수확(수콧*sukkôt*)을 기념했다. 순례는 집안과 성스러운 중심지의 연결을 갱신하기 위한 의례이다. 전통 문화에서는 모든 도로와 건물이 그들의 성소를 중심으로 배치된다. 신명기는 일과 휴식, 노동과 축제의 안식일 주기를 반영하는 6+1의 패턴을 사용하여 파스카 축제(페사흐), 주간절(샤부옷), 그리고 초막절(수콧) 날짜와 이 축일들의 길이를 계산한다. 아들과 딸, 남종과 여종, 성안에 사는 레위인 같은 내부인은 '너희 가운데에 있는 이방인과 고아와 과부'와 같은 외부인들과 함께 이 순례 축제들을 지내야 한다(16,11). 여기에서나 신명기 다른 곳에서나 **이방인**은 이스라엘이나 유다 출신이든 다른 나라 출신이든 집안이나 고향에서 떨어져 지내는 사람을 가리킨다. 이런 전통은 초기 이스라엘에서 시작되어, 신명기의 발전 과정에서 점점 더 중요해졌다. 이는 예언자 전통이 강조한 경제적 불평등과 기원전 800-500년 사이 아시리아와 바빌론의 침략으로 인한 가정의 지속적인 이주에 대한 대응으로 나타난 것이다(Glanville 2018: 146-150 | 166 167).

이주민들을 포함시키는 것은 단순한 자선 행위가 아니라 예배 행위였다. 신명기는 야훼를 내부인들과 친족 관계를 맺고 **사랑하는** 신적 보호자로 묘사한다. 신명기는 이런 내부자들에게 하느님의 **사랑**을 본받아 이주민들과 친족 관계를 맺고 그들을 **형제자매처럼** 대하라고 가르친다.

판관 16,18-17,13

성소에 있는 사제들은 마을과 성읍의 모임에서 송사를 맡을 판관들을 임명해야 한다. **판관들과 관리들**이라는 표현은 두 개의 서로 다른 행정 직책이 아니라 하나의 직책을 가리키기 위해 두 단어를 사용하는 관용 어구이다. 마을 하나가 아니라 지파 전체에 영향을 끼치는 반사회적 행위를 다루는 중요 사건들은 성소에 있는 판관에게 판결을 받아야 한다. 우상숭배나 살인, 악성 피부병이 그러한 예이다.

아세라 목상과 기념 기둥(맛체바*massebah*)은 야훼가 아닌 다른 수호신을 상징하기에 성소에서 금지되었다. 흠이 있는 가축을 바치는 것도 금지되었는데, **야훼께서 그것을 역겨**워하시기 때문이다. **역겨운** 행위는 야훼께서 창조하신 질서정연한 세상(창세 1,1-2,4)에서 벗어난 행위(신명 14,3-21; 23,10-15)를 말한다.

임금 17,14-20

이스라엘에서도 군주제가 국가의 기본 체제가 되지만 다른 군주제와 달리 통치자를 신으로 여기지는 않았다. 그들의 임금들은 신명기의 가르침을 따라 야훼의 백성을 다스려야 했다. 신명기는 사무엘기-열왕기에 나오는 임금에 대한 대중적 비판(1사무 9,1-10,17; 11,1-15)을 수용하여 초기 이스라엘의 생업경제로 되돌아갈 것을 촉구한다. **임금**king이 아니라 **족장**chiefs이라 불리는 이러한 이상적 사회의 지도자들은 소박하고 영적인 생활 양식을 따르며 모세의 가르침의 필사본(그리스어로 데우테로-노모스*deutero-nomos*)을 곁에 두고 통치한다. 군마도 없고, 다른 나라들과 맺은 조약도 없으며, 압류된 땅 위에 세운 은과 금으로 가득 찬 궁전도 없었다.

호세아와 미카처럼, 신명기는 이웃 국가들과 조약을 맺으려는 임금을 고발한다. 그러한 조약은 야훼가 당신 백성과 그들의 땅을 먹이고 지켜주실 능력이 없음을 암시하는 것이기 때문이다. 따라서 대규모 왕실 농장과 수백 명의 왕궁 관리를 두는 시대는 끝나야 했으며 다시 한번 히브리인들을 먹이시고 야훼의 백성을 보호하시는 분은 오직 야훼뿐이어야 했다(이사 5,8). 그러나 실제로 다윗 왕조와 오므리 왕조의 집안 모두 다른 임금들처럼 절대적 권력으로 통치했다.

임금들은 군사적·상업적 지원을 위해 다른 나라와 맺은 조약을 공고히 하기 위해 결혼했다. 외교적 이유로 혼인한 아내들은 자기 친정 집안이 혼인 조약의 조건들을 지킬 것을 보증했다. 그들은 또한 남편 집안이 필요로 하는 상품과 서비스들을 친정 집안이 계속 제공하도록 유지하고 확대하는 데 적극 관여했다. 여성들의 칭호는 그들의 친정 집안과 그들 남편 집안 사이의 정치적 관계를 드러냈다. **창녀**와 **후궁**과 같은 단어들은 부정적 어조를 띠지만 **아내**나 **처녀**와 같은 단어들은 그렇지 않다. 오늘날에는 **공주**와 **여왕**만이 정치적 의미를 내포한다. 실록은 솔로몬에게 왕족 출신 아내가 700명, 후궁이 300명 있었다고 자랑스럽게 이야기하는데, 이는 그가 여색을 밝혔다는 의미가 아니라 그의 통치 시기에 1,000여 개의 국가와 조약을 맺었음을 선포하기 위함이었다(1열왕 11,3).

레위 집안 18,1-8

야훼 예배가 중앙 성소로 제한된 뒤 지방 성소에서 희생 제물과 십일조를 거두었던 레위인 사제들은 **성문 안에 사는 레위인**으로서 예식을 거행할 수 있었다. 이들은 마을과 성읍의 모임에서 신명기의 세계관을 구현할 책임을 졌고, 중앙 성소에 상소할 권한도 지녔다.

신명기에서는 모든 레위인이 사제이다. 레위기와 민수기에서는 아론과 차독 집안의 남자들만 사제이다. 모세는 레위인이지만 사제가 아니다. 역대기에서 레위인들은 회계사나 토지 관리인, 음악가, 문지기, 요리사, 간수, 목자, 나무꾼, 장인으로 묘사된다. 사제가 없다면 레위인들이 성소로 가는 성문에서 집안 사람들을 면접했다. 집안에 아무 문제가 없으면 입장했고, 문제가 있는 집안은 빚을 갚고 명예를 되찾을 때까지 들어갈 수 없었다.

예언자 18,9-22

이스라엘의 예언자들은 다른 문화의 샤먼처럼 신과 인간의 영역을 조율하여 집안을 위협하는 장애물을 제거했다. 예언자들은 또한 집안들끼리 연결할 뿐 아니라 살아 있는 사람과 세상을 떠난 사람, 식물과 동물 등 땅의 모든 존재를 연결하는 사회적 연결망의 설계자였다.

이스라엘 백성은 자녀를 제물로 바치거나 점술, 복술, 조류점, 요술, 주술, 혼령이나 혼백을 이용하여 야훼를 마음대로 조종하려고 해서는 안 된다. 모세나 **모세와 같은 예언자**만이 야훼가 하시려는 일을 드러내거나 그분이 계획을 바꾸시도록 애원할 수 있다(탈출 32,11-32).

자녀를 제물로 바치는 행위는 자기를 낮추는 예식이었다. 아버지가 아들(2열왕 3,1-27)이나 딸(판관 11,1-40)을 태워 죽이면,그들에겐 상속자가 없어진다. **복술가**는 사제의 에폿과 연결된 가슴받이에 들어있는 **우림과 툼밈**(1사무 30,7-8)이나 화살촉(2열왕 13장), 짐승의 뼈를 던져 **예** 또는 **아니오** 라는 답을 얻었다. **점쟁이**(이사 47,9.12-13)는 원수의 농사가 잘못되고 그들의 여자들이 유산하기를 바라는 저주를 음식 그릇에 적은 뒤 그것을 깨뜨렸다. **조류 점술가**는 새들이 날아 다니고 우는 패턴을 해석했다. 일부 **주술사**(에제 13,17-23)는 자신을 찾아온 이들이 해로운 길에 들어서는 것을 막거나 그들 몸에 갇혀 있는 혼들이 고통을 퍼뜨리지 못하도록 이마나 손목에 약 주머니를 맸다. **영매**(1사무 28,3-25)는 죽은 이들에게 조언을 구했다.

말라키서와 집회서에서 엘리야는 **모세와 같은 예언자**이다. 쿰란 공동체에게 이 예언자는 종말을 선포한다(4Q175). 신약성경은 세례자 요한과 예수를 모두 그 예언자로 본다. 초기 라삐들은 이 예언자를 특정하지 않지만, 후기 라삐들은 여호수아, 사무엘, 아론을 그 예언자로 본다. 쿠란(74, 96)은 무함마드가 모세와 같은 예언자라고 기술하지만 신명기나 이사야서를 인용하지 않는다. 다만 후대의 이슬람 스승들은 그 책들을 인용한다.

도피 성읍 19,1-13

살인이나 과실치사, 무죄한 이의 처형과 같이 사람을 죽이는 일은 사람의 생명을 빼앗을 뿐 아니라 희생자의 피가 스민 땅의 생명에도 영향을 미쳤다(5,17). 도피 성읍은 원한을 품은 일이 없이 실수로 사람을 죽인 이들을 위해 제공된다. 복수를 하려는 이가 끼어들어 도피 성읍으로 가던 피고를 죽인다면, 그에게는 살인죄가 선고되었다. 피고가 도피 성읍에 다다르면, 그곳의 공동체가 판결을 내렸다.

전통적 문화에서 회복적 정의는 피해자의 집안이든 범죄자의 집안이든 그 집안이 남은 사람들을 부양하고 보호하여 그들 마을의 안정에 기여할 능력을 영원히 잃어버리는 일이 없도록 여러 조치를 취했다. 그러므로 공동체는 사형을 내리는 대신 가축이나 노예, 또는 피해자를 육체적으로 대신할 남성이나 피해자를 대체할 아이를 낳아 줄 여성을 벌금으로 낼 수 있게 했다.

경계 존중 19,14

집안들은 자기 땅과 이웃 집안의 땅을 구분하는 경계 표지를 움직여 불법으로 자기 땅을 넓혀서는 안 된다(5,21).

어떤 경계 표지는 하느님이나 귀족이 평민에게 땅을 주었다는 사실을 새긴 달걀 모양, 또는 기둥 모양의 돌이었다. 아브라함과 사라는 야훼가 그들 집안에 처음 주신 삼각형 모양의 땅인 베텔과 아이와 헤브론에 돌 제단을 세워 자기 땅의 경계를 표시했다(창세 11,27-12,8).

거짓 증언 19,15-21

율법은 증인이 2명 있어야 한다는 조건을 붙여 거짓 증언을 억제하려 한다. 증인이 1명이면 쉽게 뇌물로 매수할 수 있었다(16,18-17,13). "허위 증언"(5,20)을 한 이는 그 증언으로 피고에게 내려질 수 있었던 것과 똑같은 처벌을 선고받게 된다. 범죄에 합당한 처벌을 내리는 것이 이상적이겠지만 실제로 그렇게 하기는 어렵다. '눈에는 눈'과 같은 비례성 원칙은 법이 발전하는 과정에서 이루어진 중요한 인도주의적 성취였다. 이 원칙이 바빌론 법에 등장하기 전에는 사람들이 서로에게 아무 제한 없이 보복할 수 있었다. 비례성 원칙은 고대 이스라엘에서 보편적 법률 원칙이었던 것으로 흔히 여겨지지만, 실제로 성경에서는 중범죄를 다루는 오직 세 군데에만 나온다(신명 19,15-19; 탈출 21,23-25; 레위 24,19).

전쟁 20,1-9

징집된 이는 전쟁에 나가기 전에 자녀를 낳거나 밭에 씨를 뿌리거나 집을 짓는 등 생명을 불어넣는 일을 하여 백성이 지속될 수 있도록 해야 한다. 여기에서 신명기는 생명을 낳는 행위와 생명을 뺏는 행위를 신중하게 분리한다. 같은 사람이 생명을 낳는 동시에 생명을 빼앗는 일을 할 수 없다. 징병 유예 규정은 징집된 이가 죽음을 맞거나 남의 생명을 빼앗기 전에 자기 노동의 열매를 즐길 수 있도록 보장한다. 물론 율법을 어겨 하느님의 저주를 받은 이는 다음과 같이 된다. "너희가 여자와 약혼하여도 다른 남자가 그 여자와 동침하고, 집을 지어도 거기에서 살지 못하며, 포도나무를 심어도 그 열매를 따지 못할 것이다"(28,30).

이방인들의 성읍 20,10-20

야훼의 백성과 다른 성읍들의 관계는 모호하다. "아주 멀리 떨어져 있는 모든 성읍"(20,15)은 차지해도 되지만, "야훼 너희 하느님께서 너희에게 상속 재산으로 주시는 저 민족들의 성읍"(20,16)들은 완전히 파괴해야 한다. 이집트와 메소포타미아의 통치자들은 적의 목재와 과일나무를 베어 버린 일을 자랑한다. 나무는 살아 있고 생명을 주는 하느님의 선물이다. 나무가 없는 성읍은 그저 패배한 것만이 아니라 죽은 것이다. 에덴에 있던 남자와 여자가 그랬듯이 야훼의 백성도 수확하는 것은 괜찮지만, 적의 성읍에 있는 삼림을 파괴해서는 안 된다.

아주 멀리 떨어져 있는 성읍은 야훼 백성의 문화적 정체성을 위협하지 않지만, **야훼 너희 하느님께서 너희에게 주시는 저 민족들의 성읍**들은 위협이 된다. 예루살렘 북쪽 구릉 지대에 있는 마을들에 정착한 히브리인들은 자신들의 조상과 같은 노예들이 지은 도시들을 자랑거리로 삼는 거대한 노예 제국에서 생존한 이들이었다. 그러므로 초창기 히브리인들은 성읍, 임금, 세금, 병사가 없는 자급자족형 마을 문화를 만들어 냈다.

그럼에도 촌락과 성읍은 시리아-팔레스티나에서 생존하는 데 반드시 필요한 단일 경제의 두 부분이다. 촌락은 성읍에 상품과 서비스를 제공하고, 성읍은 작물과 가축을 보호하는 동시에 촌락에 시장을 제공했다. 그러므로 촌락이었던 이스라엘은 생존하기 위해 촌락과 성읍을 모두 갖춘 중앙집중적 잉여 경제 국가로 결국 진화한다.

증인의 부재 21,1-9

살해 당한 누군가의 시신이 발견되었는데 살인자가 밝혀지지 않은 상황에 대한 법적 해결책은 사람이 경작하지 않는 와디wadi(역자주: 《성경》은 시냇가로 옮겼다)로 가는 것이다. 와디는 인간의 통제를 받는 곳이 아니라 야훼의 통제를 받는 곳을 뜻하며(민수 24,21; 미카 6,2; 잠언 13,15) 그곳에 가서는 멍에를 메어 본 적이 없는 암송아지의 목을 부러뜨려야 한다. 시신이 발견된 장소에서 가장 가까운 성읍의 원로들은 암송아지 위에서 손을 씻고 자기들의 손이 이 피를 흘리지 않았음을 선언해야 한다. 그리고 야훼께 이스라엘의 죄를 벗겨 달라고 청해야 한다. 이런 예식에는 그들이 거짓 맹세를 한다면 암송아지처럼 처형당할 것이라는 의미가 담겨 있다.

여성 포로 21,10-14

여성 포로는 병사들에게 주어지는 전쟁의 보상이다. 일반적으로 신명기는 내부인 남성과 외부인 여성이 혼인하면 야훼 백성의 문화적 정체성이 위협을 받는다고 가르친다. 여기에서 아버지들은 여성 포로를 출신 집안에서 분리하여 히브리 집안에 영구적으로 통합하는 되돌릴 수 없는 입문 예식을 행한다. 노예임을 드러내는 옷을 벗기면 여성은 알몸이 되는데 이는 아무런 지위가 없다는 뜻이다. 머리카락을 자르고 손톱 발톱을 손질하는 행위는 출신 집안과의 연결을 끊는 것으로, 야훼 백성의 문화적 정체성을 위협할 수 있는 힘을 빼앗는 것이다.

상속인 지정 21,15-17

아버지와 어머니는 출생 순서를 따르거나 특별한 업적을 고려하여 상속인을 지정한다. 정실 부인의 **맏아들**은 상속인으로서 법적 특혜를 누린다. 하지만 아버지와 어머니는 레베카가 그랬듯이(창세 27,1-46) 그 권리를 무효로 만들고 다른 이를 상속인으로 지정할 수 있다.

성경의 세계에서도 부부는 분명 서로에게 감정을 느낀다. 하지만 여기에서 **사랑받는** 아내라는 말은 집안의 아버지와 맺은 계약이 여전히 유효한 상태에 있는 아내라는 뜻이다. 반면 **미움받는** 아내는 맺은 계약이 폐기된 상태이다. 다만 그녀의 아들에게 있는 상속 권리는 여전히 유효하다.

상속 권리 종료 21,18-21

부모가 상속인을 지정하면 집안의 모든 자원을 그에게 넘겼다. 그 대가로 상속인은 부모를 부양하고 보호함으로써 그들을 공경하겠다는 약속을 했다(5,7-21). 상속인 지정이 법적 절차였기 때문에 법적으로 취하할 수도 있었다(21,15-17). “고집이 셀뿐더러 반항만” 하는 아들은 부모를 공경하지 않는 것이다. 방탕과 지나친 음주는 제한된 자원을 낭비하는 행동이다.

사형수의 매장 21,22-23

아시리아인들은 적의 시체를 나무나 벽에 매달아 사람들이 보고 두려워하게 했다. 산헤립은 에크론의 군주들의 시체를 그들 도성의 성벽에 걸어 다른 성읍 사람들에게 아시리아와 맺은 계약을 충실히 지키라고 경고했다. 그는 또한 라키스에서 사로잡은 전쟁 포로들을 공개적으로 찔러 죽였다. 이는 심리적 전쟁 수단이었다. 신명기는 시신 매장의 시한을 규정하여 제대로 묻히지 못한 이들이 무덤과 사후 세계에 제대로 데려다 주지 않았다는 이유로 산 이를 괴롭히는 것을 막는다(여호 8,29; 10,27; 2사무 4,12).

농사와 제조업 22,1-12

야훼는 세상에 질서를 부여하려고 경계를 만드셨다(14,3-21). 자연계의 잡종이나 인간이 만든 혼합종, 그리고 선을 넘는 인간 행동은 모두 이러한 세상의 조화로운 질서를 위협했다. 그러므로 농부들은 같은 밭에 여러 종류의 씨앗을 뿌려서는 안 되었다. 직물을 짤 때에는 같은 옷에 여러 가지 실을 섞어서는 안 되었다. 여자가 남자처럼 옷을 입거나 행동해서는 안 되고 남자도 여자처럼 옷을 입거나 행동해서는 안 되었다. 하느님께서 이러한 행위들을 **역겨워**하시기 때문이다.

여기에는 일반적인 10개가 아니라 9개의 규정이 나오는데, 이는 가축을 기르고, 새를 사냥하고, 건물을 짓고, 농작물을 심고, 옷감을 짜고, 옷을 입는 방식에 관한 것으로 경계를 넘는 집안 내 혼돈을 반영한다. 그럼에도 야곱은 검은 염소와 양을 흰 염소와 양과 교배시켰다(창세 30,25-43). 게젤 달력(역자주: 게젤에서 발굴된 석회석 판으로 일년 농사 달력이 쓰여 있다. 제작 시기는 기원전 10세기 말로 추정한다)은 밭 하나에 여러 가지 곡식을 돌아가며 심는 법을 가르쳤다. 통치자들은 말과 나귀를 교배시켜 얻은 노새를 탔고(2사무 13,29) 사제들은 양털실과 아마실로 짠 옷을 입었다(탈출 28,1-43).

남녀가 옷을 바꾸어 입는 행위는 성적 취향이 아니라 승인되지 않은 사회적 지위와 관련이 있다. 생명을 낳는 여성은 생명을 빼앗는 남성의 무기를 들고 다니면서 자기 지위를 위장해서는 안 된다. 반대로 기원전 1473년 이후 이집트의 하트셉수트*Hatshepsut*(기원전 1473-1458 재위)는 자신이 더는 양자 투트모세 3세(기원전 1481-1425)의 보호자가 아니라 파라오임을 강조하려고 남성의 옷을 입었다. 마찬가지로 화가들은 아케나톤(기원전 1353-1335)을 부풀어 오른 자궁과 늘어진 가슴을 지닌 임신한 여자로 그려 파라오가 이집트의 대모godmother이자 대부godfather임을 강조했다.

어떤 이들은 신명기에 있는 이러한 전통을 근거로 이성애가 인간 역사의 모든 때에 모든 문화에서 보편적 규범이었다고 주장한다(창세 9,18-27; 레위 18,3-14; 판관 19장; 1사무 20,30; 하바 2,15). 하지만 데이비드 탭 스튜어트David Tabb Stewart가 《성소수자 해석학과 히브리 성경*LGBT/Queer Hermeneutics and the Hebrew Bible*》(2017)에서 보여 주듯이 이성애를 우월하게 보고 동성애를 금지하는 경향은 성경의 세계가 아니라 19세기에 처음 등장한다. 성경의 전통은 다양하고 조심스럽게 표현한 이유를 들어 동성 간 성행위를 규제하고, 수간, 근친상간, 남성에 의한 여성 강간, 월경 중에 있는 여성과의 성행위, (어떤 남성과든) 여성의 간통, (다른 남자의 아내와의) 남성의 간통 등을 금지하지만, 이는 이성애를 정상성의 기준으로 보았기 때문은 아니다.

사기 22,13-21

성경의 세계에서 혼인하였거나 혼인할 수 있는 여성, 또는 **처녀**는 집안의 경제적 안정에 중요한 기여를 했다. 집안의 순자산을 키우기 위해 법적으로 혼인할 수 없는 여성을 혼인시키려 한 아버지들은 사기죄를 범한 것으로 보았다. 자기 집안에 있는 기혼녀를 강간이나 문란한 성생활에서 보호하지 못한 아버지도 마찬가지였다(MAL A: 16-23). 속이는 것이 아님을 증명하기 위해 친정 집안은 신부의 찢어진 처녀막에서 흘러나온 피가 묻은 혼인 이불을 보관하여 그 여성이 혼인 자격이 있었음을 증명했다.

마찬가지로 결혼 지참금을 차지하려고 자기 아내가 혼인할 자격이 없다고 중상하여 아내의 지참금을 빼앗으려는 남편들도 사기죄로 처벌받을 수 있었다. 이론적으로 이러한 남편들은 돌로 쳐 죽일 수 있었다(19,15-21). 하지만 여기에서는 그저 매질을 당하고 벌금을 낸 뒤 평생 그녀를 내보낼 수 없게 된다.

강간 22,22-23,1

혼인한 여성(22,22; 23,1)과 약혼한 여성(22,23-27), 그리고 혼인할 수 있는 여성(22,28-29)을 강간했을 때, 신명기 규정은 단지 여성에게 가해진 신체적·감정적 피해뿐만 아니라 이 여성들의 사회적 지위를 규정하는 남성이 입을 손해에도 관심을 기울인다. 서로 합의된 간음은 죽음으로 처벌받는다. 도와달라고 외치지 않은 여자는 죄가 있다고 본다. 하지만 사건이 외딴 곳에서 일어났다면 무죄로 추정된다.

이스라엘 회중이 될 자격 23,2-9

이사야(이사 34,5-10)나 예레미야(예레 49,17-22), 또는 에제키엘(에제 25,12-14)과 달리, 여기에 있는 가르침들은 이집트나 에돔 출신 남성이 히브리 여성과 혼인하는 것을 허락한다. 그들 백성이 아브라함과 사라 집안에게 호의를 베풀었기 때문이다(창세 11,27-12,20). 반면 암몬족과 모압족은 광야 세대에게 호의를 베풀지 않았기 때문에 온전히 야훼 백성의 일원이 될 수 없었다. 거세된 남성과 사회적 지위가 없는 여성에게 태어난 남성도 마찬가지였다.

깨끗하게 면도한 **내시**와 **수염을 기른 이들**은 아시리아에서 두 계층의 왕실 관리들을 구분하는 호칭이었다. 페르시아에서 내시들은 크세르크세스를 끌어내리려 했던 수염 난 이들에 맞서 임금을 보호했다. 하지만 결국 내시들이 패배했고 수염 난 이들은 크세르크세스를 암살했다(기원전 465).

털을 깎는 것은 제의적 성격의 거세였다(2사무 10,1-5). 내시들은 자신이 섬기는 통치자와 경쟁하지 않겠다는 표시로 수염을 깎았다[창세 37,36(역자주: 《성경》의 "내신"을 '내시'로도 옮길 수 있다); 1열왕 22,9; 2열왕 9,33; 20,18; 25,19].

내시들은 청원자들을 임금에게 데려가 만날 수 있게 했고, 임금이 먹는 음식에 독이 들었는지 확인하려고 먼저 맛을 보았다(느헤 1,11; 역자주: 《성경》의 "헌작 시종"이 칠십인역의 일부 필사본에 '내시'로 나온다). 또한 임금의 머리 위에 우산을 씌워 주고 악령에게서 임금을 보호하려고 부채질을 했다. 임금이 사자 사냥을 나갈 때 함께하며 임금의 무기를 들고 임금의 마차를 몰았고, 임금이 잡은 짐승을 손질했다. 이러한 히브리인들은 다니엘이나 에스테르와 달리 관리로서 이방인 임금을 섬기기 위해 야훼 백성의 일원이기를 포기해야 했다(2열왕 20,18)

진영의 청결 23,10-15

성경의 세계에서 피, 소변, 침, 점액, 정액, 눈물, 월경혈과 같은 체액을 다루는 문제는 위생과 별 관련이 없었다. 인간의 몸에 있는 구멍들은 인간을 그 주변 세계와 연결하는 취약한 통로로 여겨졌다. 체액을 잘못 다루면 인간은 제자리를 잃고 자기 주변에 있는 이들을 위태롭게 했다. 대소변처럼 통제할 수 있는 배출물이 월경이나 몽정으로 인한 배출보다 더 위험하다고 여겨졌다. 월경과 분만에서 여성에게만 있는 배출은 할례 때의 출혈처럼 남성에게만 있는 배출보다 더 위험하게 여겨졌다. 월경 또는 임신과 상관없는 자위로 인해 일어나는 배출은 임신이 가능한 성관계 때 일어나는 배출보다 더 위험하다고 여겨졌다. 따라서 병사들은 밤에 몽정을 했거나 배변을 한 후, 단순히 위생을 위해서뿐만 아니라 자신의 몸이 우주와 다시 조화를 이루게 하기 위해 아침에 진영을 떠났다(〈성전 두루마리〉 46,13-16; 《유다 전쟁사》 2, 147-149).

피신해 온 종 23,16-17

종의 도망(1열왕 2,36-46)은 주인의 권위, 그리고 고대 경제에서 필수 요소였던 노예 제도에 대한 도전이었다. 우르와 에쉬눈나, 하티에서는 도망친 종들에게 피신처를 제공하면 벌금을 내야 했고 바빌론에서는 자기 목숨으로 죄값을 치러야 했다(LH 15-16조). 이와 대조적으로 야훼의 백성은 그들의 조상들이 도망자였을 때 피신처를 제공하신 야훼께 감사드리는 뜻으로 도망친 이들에게 피신처를 제공했다.

하지만 바빌론이 예루살렘을 공격하던 무렵(기원전 586)에는 야훼의 백성에게도 종이 있었다. 이들은 자신들이 종이 되지 않게 해 달라고 야훼께 청하는 뜻에서 종들을 풀어 주었다(예레 34,1-35,19). 하지만 포위에서 풀려나자 그들은 다시 종들을 데려왔다. 이에 예레미야는 격분했다. 야훼가 당신의 백성을 종살이에서 해방하신 것은 다른 사람들을 종으로 삼으라는 데 있지 않았다. 그래서 예레미야는 서로를 노예로 삼은 도망친 종들의 후손에게 내려질 예루살렘의 멸망을 선언한다.

성경의 세계에서 노예는 전쟁과 빚 때문에 생겨났다. 전쟁 때문에 종이 된 이들은 그들 주인과 인종이 달랐다. 반면 빚 때문에 종이 된 이들은 문신이나 뚫린 귀, 머리 모양으로 주인과 구별되었다. 전쟁으로 종이 된 이들은 국가를 위해 일했고, 빚 때문에 종이 된 이들은 집안을 위해 일했다. 전쟁으로 종이 된 이들은 평생 종이었지만 빚 때문에 종이 된 이들은 빚을 다 갚으면 자유롭게 되었다.

초기 이스라엘에서 마을에 있는 집안들은 그들의 땅을 영구적으로 소유했다. 하지만 이스라엘과 유다 왕국에서는 집안들이 빚을 갚지 못해 채권자에게 자기 땅을 빼앗겼다. 임금들은 무거운 세금을 부과해 많은 집안을 빚더미에 앉게 했다. 부유한 집안은 가난한 집안이 세금을 낼 수 있도록 돈을 빌려주었지만 그들 땅과 그들 식구들의 노동을 담보로 잡아 자기가 꾸어 준 돈을 지키려 했다. 집안이 파산을 하면 채권자는 땅의 소유권을 빼앗고 집안의 남자와 여자, 아이들을 종으로 팔았다(2열왕 4,1). 엄밀히 말하자면, 채권자들은 땅을 사거나 종을 파는 것이 아니라 그 땅을 담보로 잡고 집안 식구들의 품삯을 거두어 빚을 갚게 하는 것이었다(레위 25,35-46; 2열왕 4,1).

빚 때문에 종이 된 이들은 평생 종으로 살겠다고 선택할 수 있었다(15,1-18). 이런 종들은 자기 채권자에게 충성을 약속했고, 채권자는 하느님의 조정朝廷이 신분 변화 예식을 지켜보도록 그들을 성소 문간으로 데려갔다. 채권자는 문설주를 뒤에 대고 종의 귀를 뚫었는데, 이는 할례와 마찬가지로 종의 새로운 신분을 나타내는 특별한 표시가 되었다.

신전 매음 23,18-19

여기에 있는 규정들은 성매매 자체를 단죄하는 것이 아니라 제의적 성교나 종교적 매음을 야훼 예배에 연결하는 것을 금할 뿐이다. 봉헌되었거나 특별히 선택된 남성과 여성은 땅의 소출이 풍성해지고 그 땅에 사는 사람들이 자식을 많이 낳도록 상징적 의례를 행했다. 그러나 야훼의 백성은 제의적 성행위 일체를 신성모독이라 생각했다. 야훼는 히브리인들에게 먹을 것을 주시고 그들을 보호하신다. 심지어 히브리인들이 모든 것을 잊더라도 야훼는 계속해서 그들을 위해 그렇게 하신다. 야훼는 기억하시는 수호신이시며, 히브리인들은 끊임없이 잊어버리는 백성이다. 따라서 야훼는 무언가를 일깨워 드릴 필요가 없는 분이시다.

또한 여기에서 쟁점은 성적 제의 자체가 아니라 **누가 자연의 힘을 통제하는가 하는** 질문이다. 사람이 거행하는 제의로 야훼를 조종할 수 없다. 곡식이나 포도주, 올리브 기름 농사가 풍년인지 흉년인지는 야훼께서 땅의 비옥함과 사람의 번식력을 모두 통제하신다는 것을 보여 준다. 풍년이면 야훼가 복을 주신 것이고 흉년이면 야훼가 복을 거두신 것이다.

이자 23,20-21

바빌론에서 곡식의 이자율은 33퍼센트이고 은의 이자율은 20퍼센트였다. 반면 야훼의 백성은 동족이 아니라 이방인에게만 이자를 받아야 했다(15,1-18). 초기 이스라엘의 무이자 대출은 마을 전체의 경제적 안정에 기여했다. 각 집안의 안정은 다른 집안들의 안정에 직접적인 영향을 끼쳤다. 자기 식구들을 먹일 수 없거나 병사나 일꾼을 모을 수 없는 집안들은 마을의 채무 상환 능력을 위협했다. 빚을 갚도록 다시 돈을 빌려주는 것은 궁극적으로 돈을 빌려준 집안들을 부유하게 만들었다.

이윤 추구를 유보하는 다른 경제 정책으로는 안식년 준수와 고용 계약의 6년 제한 규정, 그리고 과부에게 이삭 줍기를 허용한 규정이 있었다. 이러한 정책들은 모든 집안의 수입이 인간이 번 품삯이 아니라 하느님의 축복이라는 사실을 전제로 한다.

어떤 문화에서든지 힘 있는 사람보다는 힘 없는 이가 자기 수호신에게 의지하는 신앙을 더 잘 실천한다. 힘 없는 이가 살아남을 수 있다는 사실 자체가 하느님이 축복을 주신다는 것을 증거한다. 힘 있는 이들은 종종 자기들의 물질적 성공이 자기 노력의 결과라고 생각한다. 신명기의 이런 규정들은 힘 있는 이들에게 동족을 위해 무이자 대출을 해 주라고 가르치면서, 그들 역시 음식을 얻고 보호를 받으려면 야훼께 의지해야 한다는 사실을 상기시킨다.

서원 23,22-24

필요해서 했든 신심에서 우러나와 했든(창세 28,10-22; 민수 21,1-3; 1사무 14,24-15,35; 2사무 15,1-8; 1열왕 19,1-18) 서원을 하면 즉시 실행해야 한다(민수 30,1-16; 코헬 5,3-5). 서원은 단순히 신을 찾아가는 인간과 그들의 수호신 사이에 일어나는 제의적 거래가 아니었다. 야훼의 백성은 모든 사건을 하느님과 인간의 상호 작용에서 생겨난 결과물로 보았다. 야훼는 일방적으로 행동하지 않으신다. 서원은 사건의 향방을 정하는 데에 인간의 책임이 있음을 강조한다.

남의 포도나 곡식 채집 23,25-26

남성은 식량을 채집하고 여성은 밭에서 이삭을 모을 수 있다(24,19-22). 이러한 규정은 이스라엘 백성이 땅의 소유자가 아니라 야훼의 땅을 관리하는 사람일 뿐임을 상기시켰다(레위 19,9-10). **만나**를 거두는 규정에서 언급한 것처럼(탈출 16,4-5), 나그네와 이삭을 줍는 이는 수확물 전체를 가져가서는 안 되며 자신에게 필요한 만큼만 거두어야 한다.

이혼과 재혼 24,1-4

남편은 같은 아내에게서 두 번 이상 혼인 지참금을 받아서는 안 된다. 여기에서 첫 번째 남편이 합당한 사유로 아내와 이혼하는 경우에는 지참금을 압수할 수 있다. **추한 것**이라는 표현에는 그 이유가 무엇인지 명시되어 있지 않다. 수메르와 엘레판틴섬에서는 남편들이 다음과 같은 이유로 아내와 이혼했다. 허락 없이 집을 나가거나, 집안의 땅이나 식구들을 제대로 보살피지 않은 경우, 반사회적 행위, 또는 성관계를 거부하거나 간음을 했을 경우에도 이혼할 수 있었다.

여기에서 두 번째 남편이 합당한 이유 없이 단지 **싫어서** 앞의 여자와 이혼하는 경우, 이 여자는 그에게 보상금을 받을 권리가 있다. 이 규정은 첫 번째 남편이 자신의 전처와 재혼하는 것을 금지한다. 이는 아마도 두 번째 남편과 이혼할 때 받은 합의금을 다시 혼인 지참금으로 받을 수 없게 하려는 것으로 보인다.

혼인과 병역 면제 24,5

새 포도밭을 가꾸거나 새 밭을 갈거나 새로 아내를 맞은 상속자는 자기 마을이나 왕국을 위한 병역 의무에서 면제된다(20,1-9). 유다 임금 아사(기원전 904-874)는 자신의 공공 작업을 추진하는 데 필요한 인력을 확보하기 위해 이러한 면제 규정을 유예했다(1열왕 15,4-24). 신혼을 보내는 남성을 모두 소집해 그들이 아내와 아이 낳는 것을 막았기에 아사는 성불구라는 벌을 받았다.

성경의 세계에서 혼인은 사랑으로 맺어진 관계이기보다 경제적 계약이었다. 혼인은 서로에게 투자하는 두 집안이 합의한 계약을 승인하는 것이었다. 다른 지파의 집안과 맺는 족외혼은 위험이 컸지만 수익도 좋은 투자였다. 같은 지파에 있는 집안을 잇는 족내혼은 재정적으로 보수적인 방식이었다. 신랑 측 집안이 신부 측 집안에 제공하는 신부값bride wealth과, 신부 측 집안이 신랑 측 집안에 제공하는 지참금dowry은 고대 이스라엘에서 중요한 경제 제도였다.

남성의 아버지는 여성의 아버지에게 선물을 보내면서 혼사를 제안했고 여성은 지참금을 내고 남성은 여성의 천막에 **들어가** 자신의 겉옷을 여성 위에 **펼친** 뒤(룻 3,9) 성관계를 함으로써 혼인을 매듭지었다. 혼인한 여성의 호칭은 친정과 시댁의 경제적 관계를 반영한다. 각 집안에는 본처, 또는 **어머니**는 한 사람뿐이었다. 보통 **첩**이라고 번역하는 히브리어는 본처 외에 함께 사는 여성을 부르는 법적 명칭이다.

담보물 24,6

십계명은 보통 법 규정 도입부에 나오지만 이 십계명(24,6-25,4)은 '신명기 법전' 거의 끝에 나온다. 신명기 초반부에 나오는 윤리적 십계명(5,7-21)과 달리, 이 십계명은 대출(24,6.10-13.17-18)과 납치(24,7), 피부병(24,8-9), 품팔이꾼(24,10-15), 법적 책임(24,16), 이삭 줍기(24,19-21), 처벌(25,1-3), 짐 끄는 짐승(25,4)에 관한 내용을 다룬다.

대출금에 관한 첫 번째 지침은 채권자에게 여성의 맷돌을 담보물로 잡거나 빚을 받으려고 집안을 굶게 하지 말라고 가르친다. 힘 있는 이와 힘 없는 이 사이에 균형을 유지하고 단기적 해결책이 집안에 장기적인 문제를 일으키지 않도록 하는 것이 중요한 관심사였다.

시리아-팔레스티나 전역에서 청동기와 철기 시대의 맷돌이 발견되었다. 여성들은 화산암 가운데 단단하고 구멍이 있는 현무암으로 끝이 날카로우며 표면이 거친 맷돌을 만들었다. 아래짝은 길이가 약 45센티미터이고 폭이 약 15-30센티미터인 오목한 갈판돌이고, 안장의 너비만큼 긴 위짝은 무게가 3킬로그램 정도인 밀방망이 모양의 갈돌이다(판관 9,50-56).

납치 24,7

야훼는 집안들을 종살이에서 자유롭게 하신다. 한 집안이 다른 집안 사람을 종으로 팔려고 납치하는 짓은 종살이에서 해방하신 하느님 선물을 헛되게 하고 만다. 이러한 지침들은 요셉의 형제들이 요셉을 납치해 미디안 사람들에게 노예로 팔았을 때(창세 37,12-36)처럼 내부 구성원의 납치만 금지한다. 이방인의 경우 여성과 아이들은 여전히 납치당할 위험이 있었다(신명 21,10-14; 판관 21,1-25; 2열왕 5,1-27).

악성 피부병 24,8-9

고대 이스라엘에 악성 피부병이 있었다는 증거는 별로 없다. 성경에 언급되는 피부병은 흔히 나병leprosy이라고 번역했는데(레위 13,9-23; 14,1-32), 이 피부병에 대한 묘사는 장황하고 전문 용어로 가득하다. 하지만 증상 가운데 어느 것도 한센병이라고 특정할 수 있는 내용이 없다. 히포크라테스(기원전 460-370년경)와 폴리비우스(기원전 200-118년경)의 설명 모두 확실하지 않다. 기원전 333년 알렉산드로스 대왕이 시리아-팔레스티나를 침략했을 때 아마도 그의 병사들이 처음으로 그 지역에 한센병을 옮겼을 것이다(Matthews and Benjamin 1993; 142-154). 아르메우에르 한센Armauer Hansen(1841-1912)이 1873년 피부 감염을 일으키는 박테리아를 찾아냈다. 이후로 의사들은 **나병**이라는 말을 사용하지 않고 그러한 상태를 **한센병**이라 부르기 시작했다(역자주: 《성경》은 "악성 피부병"이라고 표현한다).

성경에서 말하는 나병은 아마도 건선, 습진, 지루성 피부염, 백선 등과 같은 피부 질환을 가리키는 것으로 보인다. 이런 병들이 고통스럽고 보기에 좋지 않았지만, 한센병처럼 전염되거나 신체 부위를 완전히 손상하는 일은 없었다. 이런 환자들에 대해 의학적 조치가 아니라 사회적 조치가 취해졌다. 환자들에게 **발진이 나타나면** 건강한 이들은 그런 증상을 그들 몸이 일으키는 반란이자 전염성 있는 사회적 혼란의 증상으로 여겼다. 미르얌과 아론에 대한 심판 때(민수 12,1-16) 나타난 미르얌의 피부병도 그녀의 반사회적 행위 때문에 생겨난 신체적 증상이다. 미르얌이 모세에게 맞서 일어나자 그녀의 몸이 그녀를 거슬러 발진을 일으킨 것이다.

성경에서 피부 질환 진단은 성급하거나 가혹하지 않았다. 증상이 나타나면 환자는 사제에게 신체 검사를 받았다. 그런 뒤에 환자는 일종의 보호 관찰 처분을 받았다. 그들은 누더기를 걸치고 머리카락을 빗지 않으며 마스크를 썼다. 그리고 누군가 가까이 오면 "부정한 사람이오" 하고 외쳤다(레위 13,45; 이사 52,11). 병이 가라 앉으면 통과 의례를 거행하고 일터로 돌아갔다(레위 13,1-17).

품팔이꾼 24,10-16

신명기는 집안들에게 해가 지기 전에 품팔이꾼에게 품삯을 주라고 가르친다(24,15). 노동자들이 품삯을 받게 해 달라고 야훼께 간청하지 않게 해야 한다. 말라키는 야훼가 유다를 새롭게 창조하시는 날 이 새 세상에 들어가지 못할 사람들을 열거하면서 그 중에 '품팔이꾼의 품삯을 떼어먹는 이들'도 있을 것이라 했다(말라 2,17-3,5).

품팔이꾼들은 해가 지기 전에 일을 끝내겠다고 약속하면서 감독에게 겉옷을 담보로 맡겼다(아모 2,8). 집안들은 하루가 끝나면 일꾼들에게 품삯을 주었고 그들의 겉옷을 돌려주어 그들이 덮고 잘 수 있게 했다(신명 24,13). 이스라엘 야브네-얌에서 발견된 호샤이야후의 재판 기록을 보면 어느 품팔이꾼은 계약대로 일을 했는데도 외투를 돌려주지 않은 한 집안의 가장을 고발한다.

집안들은 일꾼들을 압박하기 위해 그들의 부모나 자녀를 인질로 잡아서도 안 된다. 십계명은 법적 책임에 제한이 없다고 가르친다(신명 5,9-10). 야훼는 조상들이 지은 잘못에 대한 책임을 그들의 후손이 지게 하신다는 것이다. 하지만 여기에 있는 지침들은 예레미야(예레 31,29-30)와 에제키엘(에제 18,1-4)처럼 법적 책임에 제한이 있다고 가르친다. "죄지은 자만 죽는다"는 것이다. 펠라지우스(360-420)를 비롯한 다른 이들처럼 임마누엘 칸트(1724-1804)도 《순수 이성 비판》에서 죄인의 행위 때문에 무죄한 이를 벌하는, 세대를 넘는 책임론을 불의로 본다. 하지만 오늘날 환경론자들은 후대 세대가 조상들이 일으킨 지구의 오염에 대해 실제로 책임을 지고 있다고 경고한다. 신명기는 인간의 행위 중 일부는 제한적 책임을 가지지만, 다른 일부는 무한 책임을 가진다고 가르친다. 이는 하느님의 변덕이 아니라 사실을 반영하는 것일 뿐이다. 가르침의 의도는 누군가를 비난하려는 데 있지 않고 변화를 촉구하는 데 있다.

과부 24,17-22

신명기는 법적 지위를 과부와 고아, 그리고 몇몇 이방인에게로 확장한다. 예를 들어 집안들은 과부를 품팔이꾼으로 고용해서는 안 되며, 대신 그들이 수확할 때 이삭을 줍도록 허용해야 한다(룻 2,1-23). 수확물은 집안들이 일한 대가가 아니라 야훼가 주신 선물이다. 집안들은 자기 집안의 몫의 일부를 야훼를 대신해 과부에게 돌려줌으로써 이 선물에 대한 감사를 표시했다.

성경의 세계에서 힘 있는 남성들은 보통 다른 힘 있는 남성들을 채무자에게 보내 빚을 받아 오게 했다. 그러나 이와 대조적으로, 전능하신 야훼는 힘 없는 과부와 고아들을 보내신다. 이들은 집안이 없고 고향 땅에서 쫓겨났지만 야훼의 보호를 받았으며 야훼는 유다의 가축과 수확물 가운데 수호신인 당신의 몫을 받아 오라고 그들을 보내셨다(2사무 14,5; 1열왕 17,9-24; 욥 24,21; 31,16; 잠언 22,22; 25,21-22).

매질 25,1-3

비방(22,13-21), 경계 침범(19,14), 채무자를 종으로 판 행위, 계약을 어기는 행위, 종으로 팔려고 납치한 행위(5,19) 가축을 훔친 행위에 대한 최대 형벌은 마을 회중 가운데 한 사람이 직접 세어가며 40대 매질을 하는 것이다. 바빌론은 매질을 최대 60대로 제한하고(LH 202), 아시리아는 죄질에 따라 20-100대로 규정한다(MAL A 21). 매질은 고통스러울 뿐 아니라 모욕적이었는데, 자유인 신분의 성인을 종이나 죄수, 병사처럼 다루기 때문이었다. 매질은 다른 사람에게 치욕을 준 대가로 치욕과 공포를 주는 벌이었다.

보상 25,4

동물에 대한 인도적 처우가 이 지침들의 주요 초점은 아니다. 집안들은 자신들의 동물이나 빌린 동물들을 학대하여 자신의 경제적 자원을 위험에 빠뜨리려 하지 않았다. 발라암은 여러 해 동안 함께한 짐승을 학대했기 때문에 어리석은 자로 묘사된다(민수 22,22-30; 잠언 12,10). 여기에 나오는 소는 세 가지 계층에 대한 은유이다. 땅에 대한 권리를 가지고 있는 통치자와 농사를 짓는 일꾼, 그리고 타작을 하는 짐승이 소가 의미하는 바이다. 이들은 수확에 이바지하고, 각자는 십계명이 인정하는 보상을 받아야 한다(5,7-13).

성경 시대에 소를 소유한 집안은 별로 없었다. 마리처럼 부유한 나라에서조차 집안들은 밭을 갈고 곡식을 타작하기 위해 나라에서 소를 빌렸다(ARM 13.39). 사울은 야베스 길앗에서 온 전쟁 소집 요청에 응답하며 자신이 몰던 소를 잡아 희생 제물로 바쳤는데, 이는 히브리인들을 구원하는 하느님의 부르심에 대한 그의 무조건적인 헌신을 드러내는 것이었다. 이러한 희생은 사울이 부유한 집안 출신이라는 사실보다는 그가 장차 통치자가 될 인물임을 암시한다(4QSama + 1사무 11,1-15).

먹을 수 있는 알곡과 먹을 수 없는 겨를 분리해 내기 위해 상류층 집안들은 소를 기둥에 묶어 타작마당을 돌게 했다. 소가 원을 그리며 곡식 단 위를 돌면 발굽이 곡식을 밟아 껍질을 벗겨 냈다. 대부분 집안들은 곡식 단을 단단히 다져진 흙바닥이나 평평하게 된 타작마당에 펼치고, 나귀가 끄는 차돌 박은 타작 널판이나 썰매를 사용하거나 양들을 곡식 단 위로 오가게 하여 겨와 알곡을 분리해 냈다.

법적 보호자 권리의 종료 25,5-10

보통 '수숙혼'(嫂叔婚, levirate marriage)이라고 불리는 과부를 위한 법적 후견인을 세우는 제도는 하티(HL 193, 195조)와 아시리아(MAL A 33조) 같은 고대 문화에서 나타나며, 오늘날 아프리카와 아시아의 일부 문화에서 여전히 존재한다. 쿠란(4,3.19)은 무슬림에게 과부를 위해 후손을 낳아 주어야 할 의무가 없다고 가르친다. 하지만 일부 무슬림 문화에서는 보호자를 임명하는 이슬람 이전의 관습을 여전히 따른다.

아버지들은 아들이 상속자 없이 죽을 경우 아들의 "이름"을 보존하기 위해(25,6) 혼인 계약 때 법적 보호자를 지정한다. 법적 보호자, 또는 "남편의 형제"는 상속자가 없는 집안의 재산과 법적 의무를 넘겨 받고 죽은 형제의 아내와 성관계를 하여 상속자를 낳았으며, 상속자가 장성할 때까지 그 집안을 관리했다. 이런 법적 보호자는 상속자의 생물학적 아버지였고, 죽은 형제는 상속자의 법적 아버지였다. 자기 자신의 집안과 자기가 보호하는 집안 모두를 매일 돌볼 수 있도록 두 집안은 같은 마을에 있어야 했다.

과부들은 다양한 방법으로 무책임한 보호자들에게서 자신을 보호했다. 오난은 질외 사정을 하여 타마르를 속였다(창세 38,1-30). 오난이 저지른 잘못은 자위 행위가 아니라 사회적 불의다. 타마르에게 상속자가 없으니 오난은 사용 수익권usufructus을 행사하여 그녀의 집안 재산에서 계속 이득을 볼 생각이었던 것이다.

보아즈는 룻의 차순위 보호자로 그녀의 일순위 법적 보호자에게 엘리멜렉의 재산을 관리할 뿐만 아니라, 나오미를 대신하여 룻과 함께 후손을 낳을 것을 요청했다. 그러나 일순위 보호자는 룻과 후손을 낳고 상속자로 세울 권리뿐 아니라, 그녀의 재산을 관리할 권리까지 포기했다.

여기에 나오는 지침들은 과부들에게 마을 원로들을 통해 법적 해결책을 얻으라고 가르친다. 원로들이 해결책을 찾아주지 못하면 과부들은 보호자의 신을 벗기고 그에게 침을 뱉고는 이렇게 선언한다. "자기 형제의 집안을 세우지 않는 사람은 이렇게 된다"(25,9). 발은 남근을 상징한다(탈출 4,25). 신발은 여성의 생식기를 상징하는 동시에 경계를 걸어 다니며 측정한 토지를 거래할 수 있는 권한을 상징한다. 침은 정액과 마찬가지로 생명을 주는 체액으로 침을 뱉는 것은 질외사정을 상징한다. 이러한 의례는 무책임한 보호자들도 과부들에게 강요한 불임의 저주를 받아 앞으로 자식과 땅이 없을 것임을 선포하는 행위였다.

이가엘 야딘Yigael Yadin(1917-1984)은 1962년에 사해 부근 헤베르 계곡에서 바바타*Babatha*의 문서 보관소를 발견했다. 이 곳에 있는 법정 문서에 따르면, 남편을 잃은 바바타(역자주: 104-132년경 사해 남부에 거주한 유다인)의 보호자 유다인 요나탄 에글라와 나바테아인 압도브다스 일루타가 그녀에게 합당한 양육비를 지불하지 않았다. 그래서 그녀는 자신의 보호자들이 제대로 관리하지 않은 재산을 되돌려 달라고 법정에 청원했고 승소했다.

싸움 25,11-12

남자만이 남자와 싸울 수 있고 오직 야훼만이 싸움의 결과를 정하실 수 있다. 여성은 자기 남편이 아닌 다른 남성의 생식기를 건드려서는 안 되고, 설령 자기 남편의 목숨을 구하기 위해서라도 그렇게 해서는 안 된다. 자기 남편과 싸운 이의 생식기를 가격하여 그를 불구로 만든 여자는 집안을 치욕스럽게 한 것이다. 임신한 여자를 유산하게 만든 남자는 벌금을 내야 한다(탈출 21,22). 하지만 야곱이 야훼와 씨름을 했을 때(창세 32,22-32) 야훼는 야곱의 '엉덩이뼈'를 쳐서 이기셨다. 사실 '엉덩이뼈'는 생식기를 완곡하게 표현한 말이다(창세 24,9). 신명기와 대조적으로 창세기는 야훼께서 생식기를 치신 일이 부당하다고 보지 않는다. 싸움은 정당한 운동 경기가 아니었고 법적 기관이 해결할 수 없는 위기를 해결하는 시죄법적 수단이었다(4,41-43 참조).

'손'과 '발'도 엉덩이와 허벅지처럼 생식기를 완곡하게 표현하는 말이다. 여자가 싸움 상대의 생식기나 '발'을 못 쓰게 만들었다면 그 여자의 생식기나 손도 못 쓰게 만들었다. 아시리아에서는 고환 하나를 터뜨린 여자의 경우는 손가락 하나를 잘랐고, 고환 양쪽을 터뜨린 여자는 두 눈을 빼냈다(MAL A 8조). 이런 것들은 최고형이다. 원로들은 그저 여자의 생식기를 노출시키고 음모를 깎아 버리기도 했다. 이렇게 하면 여자는 아이를 낳을 수 있는 성인이 아니라 아이를 낳지 못하는 어린 계집아이처럼 보이게 되어 치욕을 느꼈다.

도량형 25,13-16

신명기는 물건을 팔 때에는 가벼운 추를, 살 때에는 무거운 추를 사용해서는 안 된다고 가르친다(레위 19,35-36; 잠언 20,23; 시편 12,2; 아모 8,5). 비슷한 가르침이 바빌론의 〈샤마쉬에게 바치는 찬가*Hymn to Shamash*〉와 이집트의 〈아메네모페의 가르침*Teachings of Amenemope*〉이나 〈언변 좋은 농부*The Eloquent Peasant*〉에도 등장한다. 이집트인들은 사후 세계로 들어가기 위해 '거짓 저울추를 쓰지 않았다'고 맹세해야 했다.

1세켈은 약 14그램이다. 약 7그램부터 567그램에 이르는 받침이 납작한 다양한 반구형 돌이 저울추로 사용되었다. 이집트에서는 저울추로 속임수를 쓰는 농부는 사후 세계에 들어갈 수 없다고 믿었다. 신명기에서 이러한 사기는 야훼의 형상을 만드는 것이나 인간을 제물로 바치는 것, 또는 다른 범죄 행위만큼이나 중대한 죄로 여겨진다.

환대 25,17-19

야훼의 백성은 자녀를 제물로 바치거나 점술, 복술, 요술, 주술, 영매 행위(18,9-22) 등을 통해 야훼를 조종하려 해서는 안 된다. 이와 달리 추방된 집안에 대한 환대는 야훼 백성의 문화적 정체성의 핵심적 측면이었다. 이에 반해 아말렉 집안은 시나이 광야를 건너는 야훼의 백성 행렬 뒤에서 약한 이들을 공격했다(탈출 17,8-16). 대체로 병사들은 행렬의 맨 앞에서 연약한 여자와 아이·병자·장애인·취약 계층·종들을 보호했다. 야곱이 에사우를 만나러 갔을 때 그는 일부러 행진 순서를 바꾸어 나약한 이들을 무리 앞에 두었다(창세 32,7-33,17). 그들을 앞장 세움으로써 야곱은 에사우에게 자신이 공격할 생각이 없으며 오히려 화해를 원한다는 뜻을 보여 주었다.

신명기는 이스라엘이 집을 잃고 힘이 없는 이들을 위한 피난처가 되길 바란다. 그러므로 그런 이들을 학대한 아말렉 집안과 같은 자들은 반드시 몰아내야 한다. 신명기의 지침들은 비례 원칙을 따라 아말렉 집안을 땅에서 쫓아내라는 가르침으로 끝을 맺는다. 그들이 자기 집안과 땅에서 추방된 이들을 환대하지 않았기 때문이었다.

히브리인들이 아말렉 집안을 멀리한 데에는 경제적 이유도 있다. 시나이 광야를 가로지르는 큰 길들은 베두인들이 서로 계약을 갱신하던 카데스 오아시스에서 교차한다(민수 24,20). 아말렉이 에사우 집안과 계약을 맺긴 했지만(창세 36,11-12), 양과 염소를 치는 베두인 중 누구도 낙타를 기르는 아말렉 집안과 거래하지 않았다. 낙타 사육은 시나이 광야에서 경쟁력이 높은 경제 수단이었다. 기원전 1200년 이후로 낙타 경제가 향료와 향신료 거래를 주도했는데, 낙타는 양이나 염소보다 훨씬 적은 물을 먹었고 그래서 양이나 염소를 치는 이들은 갈 수 없는 광활한 사막을 횡단할 수 있었기 때문이다.

계약의 역사 26,1-15

성소로 순례를 갈 때 집안들은 자신들의 정체성을 야훼의 종으로 규정짓는 이집트 탈출 체험을 재연했다. 3년마다 수확물을 레위인과 과부, 고아, 이방인들에게 나누어 줌으로써, 야훼가 그들 조상을 종살이에서 구하신 수호신이심을 고백했다. 이에 응답하여 주님은 계속해서 "젖과 꿀이 흐르는 땅"(6,3)에 파종과 수확을 위한 비를 내리셨다.

아버지들은 집안 여자들이 준비한 수확의 맏물을 담은 광주리를 성소에 있는 사제에게 봉헌했다. 그러고는 야훼가 역사의 수호신으로 그들을 종살이에서 구하시는 전사이심을, 또 자연의 수호신으로 그들을 땅의 소출로 먹이시는 어머니이심을 기리며 신앙을 고백했다. 또한 그 고백을 통해 야훼가 그들 집안을 이끄시어 굶주리던 생업 경제에서 먹을 것이 풍부한 잉여 경제로 옮겨 가게 해 주신 거룩한 수호신이심을 인정하고 감사한다.

계약 신포 26,16-27,10

고대의 여러 문화에서 사람들은 수확을 모두 마친 뒤나 첫 파종을 하던 새해 첫날, 수호신과 맺었던 계약을 갱신했다. 여기에서 야훼의 백성도 요르단강 동쪽에서 그들의 계약을 갱신한다. 그러고는 강을 건너 에발산과 그리짐산 위에서 계약에 따르는 저주와 축복을 노래한다. 후에 쿰란의 야하드 공동체도 이런 예식을 재연했다(1QS i:18-ii:25).

계약의 저주와 축복 27,11-28,68

저주와 축복은 처벌이나 보상이라기보다는 이기적으로 살았는지 아니면 감사하는 마음으로 살았는지에 따르는 결과이다. 에사르 하똔의 종주 조약에 있는 몇몇 저주가 신명기 내용과 비슷하다. 예를 들어 "땅은 아무것도 자랄 수 없는 쇠로 변할 것이다. 그리고 하늘은 너희 밭에 내릴 비나 이슬이 없는 청동으로 변할 것이다"(EST 63-64조). 그리고 "너희 머리 위에 있는 하늘은 구리가 되고 아래에 있는 땅은 쇠가 될 것이다"(신명 28,23)라는 표현이 그러하다. 로라 퀵Laura E. Quick은 《신명기 28장과 아람의 저주 전통*Deuteronomy 28 and the Aramaic Curse Tradition*》(2017)에서 비슷한 저주 형식이 아시리아와 같은 동부 셈족의 아카드어 문화권만이 아니라 북서부 셈족의 아람어 문화권에서도 나타난다는 것을 보여 준다. 그러니 신명기의 저자들이 아카드어에 능통했다거나 아시리아의 에사르 하똔 종주 조약을 들어보았다고 단정할 필요는 없다. 그들은 아마도 부근에 있는 텔 파카리야Tell Fakhariya, 스피르Sefire, 부칸*Bukān*, 삼알*Sam'al*과 같이 아람어를 사용하는 이웃에게서 이러한 헛수고 저주(utility curse; 역자주: '애를 썼지만 얻는 게 별로 없을 것이다' 라는 식의 저주) 전통을 배워 변용했을 수 있다.

계약의 이 부분은 열두 가지 저주(27,15-26)와 열두 가지 복(28,1-14), 그리고 마흔 가지 저주(28,15-68) 이렇게 3개의 탄원문으로 구성되어 있다. 숫자 12는 한 해 전체를 상징하며 완전함을 의미한다. 그리고 40은 옛 생활을 끝내고 새로운 삶을 살기 시작하는 때를 상징하며 회개를 의미한다. 신명기는 영원한 보상이나 징벌이 아니라 '야훼와 이스라엘 사이의 계약' 갱신으로 끝을 맺는데, 여기에는 마침내 야훼의 백성이 그분에게 충실해 지리라는 기대가 담겨 있다.

여성과 자연은 많은 복과 저주 조항의 초점이 된다. 집안 아버지들의 명예는 자기 집안의 과부와 고아뿐 아니라 기혼녀와 혼인할 여성들을 얼마나 먹이고 보호했느냐로 측정된다. 아버지가 한 행위의 좋고 나쁜 결과는 모두 자신이 아니라 그에게 속한 여성, 땅, 가축에게 물리적인 영향을 끼친다. 하느님에게 충실한 아버지에게 속한 여성의 자궁과 광주리, 그리고 떡 그릇은 가득 찰 것이다. 불충한 아버지의 아내와 딸은 성적 노리개나 노예로 팔려 갈 것이다. 집안이 신명기 가르침을 얼마나 충실히 따랐는지가 그들 집안의 출산 가능한 여성뿐만 아니라, 땅과 가축의 생산성을 결정한다. 다이앤 버건트Dianne Bergant가 《새로운 시대 속 옛것: 성경과 생태신학*What's Old about New Age: The Bible and Ecotheology*》(2007)에서 설명하듯이, 신명기는 인간과 자연이 연결되어 있으면서도 동일하지 않은 상호 의존적인 공동체를 꿈꾼다. 신명기에서 상세하게 설명된 전례 생활이 보여 주듯, 이러한 생태 공동체는 여성이 낳은 아이들과 땅에서 나온 수확물, 가축을 통해 야훼와 관계를 맺는다.

여기에 소개된 대부분의 저주는 신명기의 다른 곳에서도 나온다. 하지만 수간이나 식인, 항해 생활은 그렇지 않다. 짐승과의 혼인(27,21)은 어린 암소와 짝짓기를 하는 바알이나 '산양과 함께 달리는' 엔키두(〈길가메쉬 서사시〉 I, col. ii: 1-40)와 같은 신들에게 주어진 특권이었다. 짐승과 성교하는 인간은 자기 집안을 위태롭게 한다(LH 182, 188, 199-200조). 그런 행위는 신들을 흉내 내는 것이기 때문이다. 야훼의 백성은 자기 가축을 돌보아야지(창세 2,18-20) 그것들과 짝짓기를 해서는 안 된다.

여기에서 식인은 금지된 행위로 제시된 것이 아니라 야훼의 백성이 그들의 가축, 곡식, 자녀들을 하느님에게 받은 선물로 여기기보다 스스로 벌어들인 품삯으로 볼 때 생겨나는 배은망덕의 결과이다(신명 28,49-57). 자본주의 경제에서 주도성은 핵심 가치로 여겨지나 신명기가 구상하는 경제에서 핵심 가치는 감사이다. 야훼의 백성이 야훼의 관대함이 아니라 자신의 노고를 높게 평가할 때, 그들의 가축과 작물은 타인의 음식이 되고 그들의 자녀는 부모가 먹을 음식이 되었다. 예를 들어 포위된 이들은 성 밖에서 외부인들이 자신의 가축과 곡식을 먹는 것을 보면서, 성 안에서는 자기 자녀들을 먹었다(2열왕 6,24-7,20). 식인(신명 28,49-57)은 세상을 거꾸로 뒤집는다. 어머니가 자녀를 젖 먹이는 대신 잡아먹는다. 부모가 자녀를 먹고 자녀가 부모를 먹는다(에제 5,9-10).

즈블룬에 내린 모세의 축복(신명 33,18-19)은 적어도 히브리인들 사이에 항해를 하는 사람들이 일부 있었음을 보여 준다. 울루부룬(기원전 1300년경 침몰)과 케이프 겔리도냐곶(기원전 1200년경 침몰)에서 발굴된 시리아-팔레스티나 출항 상선들의 난파선을 해양 고고학자들이 조사하기 전까지는, 히브리인들이 항해를 했다고 생각한 이들은 거의 없었다. 하지만 앗슈르바니팔 실록에는 유다에서 배와 선원을 징발했다는 기록이 있다. 파라오 사후레*Sahure*(기원전 2458-2446)는 자기 무덤에 시리아-팔레스티나 출신 선원들이 탄 이집트 배를 그려 넣었다. 〈웬 아문 이야기〉(기원전 1196-1070)는 이집트가 시리아-팔레스티나 출신 선원들에게 완전히 의존했다고 묘사한다. 솔로몬, 여호사팟, 아하즈야는 에츠욘 게베르에서 배를 건조하여 금, 은, 상아, 이색 동물을 얻으려 아프리카와 타르시스(스페인)를 항해했다. 이 저주(신명 28,68)는 히브리인 선원과 선주들이 노예 품삯만 받고 일하려 해도 이집트에서 더는 실을 짐을 찾지 못할 것이라고 경고한다.

계약의 증인 29,1-31,29

최초의 '야훼와 이스라엘 사이의 계약'(4,44-31,29) 안에는 적어도 두 개의 이차 계약이 포함되어 있다(10,12-11,32; 29,1-31,29). 여기에서 하나의 계약은 주요 계약을 위한 증인의 목록 역할을 한다. 그래도 이 이차 계약에는 고유한 콜로폰colophon*(29,1)과 하느님의 업적 요약(29,2-14), 저주와 축복의 목록(29,16-30,10), 그리고 계약을 기록하기 위한 조항(31,1-29)이 있다.

표준 계약의 증인들은 계약 당사자들이 섬기는 신들의 모임이지만, 신명기에서 증인은 야훼의 백성이다. 이들은 자기 시대뿐 아니라 앞으로 올 시간의 증인도 된다. 계약은 하늘이나 바다 건너에 보존되는 것이 아니라, 부모가 자기 집안의 구성원에게 가르침으로써 보존된다. 이제 교육은 단순한 인간의 과제가 아니라 계약 의무를 완수하는 것이다.

* 역자주: 저자 및 인쇄에 대한 정보를 제공하는 책의 끝 부분에 있는 진술로 간기刊記라고 옮길 수도 있다.

모세에 관한 전승 31,30-34,12

신명기를 시작했던 모세에 관한 전승은 모세의 노래(31,30-32,52)와 모세의 축복(33,1-29), 그리고 모세의 부고(34,1-12)로 끝맺는다.

모세의 노래 31,30-32,52

모세의 노래(32,1-4.6-15.47)에서 야훼는 당신 백성을 충실히 먹이고 보호하는 수호신이시다. 노래에 포함되어 있는 광야 세대에 대한 심판(32,5-6.15-42)과 모세에 대한 심판(32,48-52)은 그들이 스스로 자신을 먹이고 보호하려고 애씀으로써 야훼의 특권을 가로챘다는 죄목으로 고발한다. 생존하기 위해 집안들은 자기 보존을 위한 삶이 아니라 야훼에게 감사하는 삶을 살아야 한다.

'알렐루야'와 마찬가지로 찬가에 나오는 예배 초대는 히브리인들에게 야훼를 그들 수호신으로 고백할 것을 강력히 권고한다. 이 초대(32,1-4.43)에는 '귀를 기울이다', '말하다', '듣다', '내리다', '맺히다', '환호하다', '부르다' 등의 동사 7개가 사용된다. 이는 하늘과 땅이 창조되는 7일 구조(창세 1,1-2,4)를 반영한다.

노래에 나오는 창조 이야기는 히브리인들이 왜 야훼를 자신들의 수호신으로 고백해야 하는지를 설명한다. 행동하시는 분은 야훼이지만 그분의 이야기를 사람들에게 전할 이들은 히브리인들이다. 이 창조 이야기(32,6-15)는 동물의 암컷과 인간 여성 모두의 경험에서 비롯된 감동적인 비유를 야훼에게 사용한다. 새끼에게 나는 법을 가르치는 인내심 많은 어미 독수리(32,11), 갓 태어난 아기를 먹이는 어머니(32,13), 산파(32,18), 백성을 낳는 "바위"(2사무 22,1-51의 "반석")로 야훼를 묘사하는 것이다(Matthews and Benjamin 1993: 67-81).

성경의 세계에서 공동체가 문제를 해결하는 체제는 일상의 도전을 해결해 나가기 위한 중요한 사회 제도이다(Matthews and Benjamin 1993: 121-131). 결과적으로 공동체의 문제 해결은 야훼가 "지극히 높으신 분"(32,8)으로 주재하시는 천상 회의가 세상 만물을 유지하기 위해 문제를 어떻게 해결하는지를 설명하는 은유가 되었다. 하지만 여기에서 천상 회의는 태초의 인간(창세 2,4-20)이나 한 쌍(창세 1,1-2,4)이 아니라 천상 회의에 참여한 이들만큼이나 많은 민족을 창조한다. 땅의 칠십 민족 가운데 이스라엘만이 야훼의 백성이다.

심판은 고발(32,5-6.15-18)과 판결(32,19-35)을 포함한다. 고발은 피고를 향한 혐의가 무엇인지를 밝히고 판결은 내릴 수 있는 최대한의 처벌을 정의한다. 항소는 천상 회의에서 좀 더 관대한 판결이나 감형을 해 달라고 요청한다. 감형에서 야훼는 파라오들이 외교 편지에서 흔히 사용하는 언어를 사용한다(아마르나 문서/서신 169). "이제 너희는 보아라! 나, 바로 내가 그다. 나 말고는 하느님이 없다. 나는 죽이기도 하고 살리기도 한다. 나는 치기도 하고 고쳐 주기도 한다. 내 손에서 빠져나갈 자 하나도 없다"(32,39).

모세에 대한 심판은 고발이 있었음을 전제하고 약속의 땅에 들어가지 못한다는 최고형을 받았다는 기록만을 보존한다. 광야 세대

심판은 감형도 포함한다(32,36-42). 광야 세대가 지은 죄에 대한 최고형은 가뭄이다. 가뭄은 저승 밑바닥처럼 땅을 생기 없게 만들 것이다(32,22). 이집트인들과 달리 히브리인들은 사후 세계에 별 관심이 없다. 그들은 야훼가 이승에서 선한 사람을 축복하고 악한 사람을 저주하시기를 바란다. "내가 오늘 너희에게 명령하는 계명을 잘 들어, 야훼 너희 하느님을 사랑하고 마음을 다하고 목숨을 다하여 그분을 섬기면, 주님께서 너희 땅에 제 때에 비를, 이른 비와 늦은 비를 내려 주시어, 너희가 곡식과 포도주와 기름을 거두게 해 주실 것이다. 또 너희 들에서는 가축에게 풀을 주시어, 너희가 배불리 먹게 해 주실 것이다"(11,13-15). 죽으면 선하게 살았든 악하게 살았든 모든 이가 저승 *Sheol*으로 간다. 여기에서 죽은 이는 야훼에게서 추방된 상태일 뿐이지 단테 알리기에리(1265-1321)의 《신곡》에 나오는 인물들처럼 고통받지는 않는다.

콜로폰colophon(32,44-47)은 모세와 여호수아가 노래를 부를 때 모압에 있는 야훼의 백성이 그들의 청중이었음을 밝힌다. 그리고 야훼의 백성이 신명기의 가르침을 충실히 지키도록 그들을 격려하는 것이 노래의 목적임을 분명히 한다. 이러한 내용이 글 첫머리에 나오면 제목title이라고 하고(1,1-5; 4,44-49; 6,1-3), 맨 뒤에 붙으면 콜로폰이라고 한다.

모세의 축복 33,1-29

야곱(창세 49,1-28)처럼 모세는 르우벤(33,6), 유다(33,7), 레위(33,8-11), 벤야민(33,12), 요셉(33,13-17), 즈블룬과 이사카르(33,18-19), 가드(33,20-21), 단(33,22), 납탈리(33,23), 아세르(33,24-25) 지파를 축복한다. 시메온 지파를 위한 축복은 없다(창세 49,5-7). 각 축복의 길이와 내용은 그 지파의 사회적·경제적 지위를 나타낸다.

이 축복들은 모세가 여성에 대한 성적 능력, 적들을 물리치는 전투력, 땅과 짐승을 다루는 농업 능력, 그리고 심지어 바다와 바다 생명체에 대한 권위까지 가지고 있음을 나열한다. 죽음을 앞둔 모세는 이러한 권력을 전에는 힘이 없었던 후계자들에게 넘겨준다. 이들은 신명기에 담긴 모세의 가르침에 충실하는 동안에만 그러한 힘을 사용할 수 있다.

모세의 죽음 34,1-12

야훼가 땅을 주시기로 약속하셨음을 재확인(34,1-4)한 뒤 모세의 부고(34,5-12)가 시작되는데, 이는 에녹(창세 5,21-24)이나 사라(창세 23,1-2), 아브라함(창세 25,7-10), 이스마엘(창세 25,17), 드보라(창세 35,8), 라헬(창세 35,18-20), 이사악(창세 35,28-29), 야곱(창세 49,29-33), 요셉(창세 50,22-26), 미르얌(민수 20,1), 아론(민수 20,24-29)의 경우와 비슷하다. 이러한 부고들은 나이와 사망 장소, 사망 당시의 건강 상태, 사망 확인, 매장, 장례에 관한 기록을 담고 있다. 이 부고는 모세가 자기 집안의 4세대를 볼 만큼 오래 살았음을 영예롭게 기억한다.

부고는 또한 모세가 땅을 '보았으며' 이스라엘이 결국 그 땅을 '차지'하리라는 것을 보증한다. 오늘날 순례자들은 모세의 죽음을 느보산과 연관 짓는다(민수 33,48-49). 모세는 이상적인 이스라엘이 약 7만 2천 5백 제곱킬로미터의 땅을 차지하고 있는 환시를 보는데, 이는 오늘날 느보산 정상에서 볼 수 있는 땅의 면적보다 훨씬 넓다.

마지막으로 부고는 모세가 약속의 땅 밖에서 죽었다는 사실을 확인한다. 후대 세대는 모세가 약속의 땅 밖에서 죽게 된 이유를 모세 자신의 죄 때문이라고 설명하기도 하고 야훼 백성의 죄 때문이라고 설명하기도 한다. 어떤 전승은 모세와 야훼 백성이 불복종했다고 고발한다. 야훼가 모세에게 땅을 차지하라고 명령하실 때 그는 정찰대를 보냈다. 오늘날 군사학에서는 정찰이 반드시 필요하지만 전쟁을 준비하는 야훼 백성은 예언자에게 문의하거나(1열왕 22,5) 점을 치거나(2열왕 13,15) 혼백을 부르거나(1사무 28,7) '우림과 툼밈'이 있는 에폿을 입기는 했지만(1사무 30,7-8) 정찰대를 보내지는 않았다. 정찰은 야훼의 백성이 시시하고(민수 13,1-14,16) 비겁하며(신명 1,19-46) 탐욕스럽고(판관 1,22-26) 성실하지 못한 모습(판관 18,1-31)으로 보이게 했다. 야훼의 백성은 불리한 상태에서 싸워 인간이 아니라 하느님의 힘으로 승리했음을 드러내야 했다(판관 7,1-8,28).

그럼에도 야훼는 모세를 묻으시고 야훼의 백성은 그를 위해 곡을 한다. 죽음을 맞을 때 누군가 함께 있다면 그 죽음은 덜 비극적이다. 부고는 야훼의 백성도 모세처럼 이스라엘 땅 안에서 죽고 묻히든 그 땅 밖에서 그렇게 되든 야훼의 현존으로 위로를 받을 것이라고 그들에게 약속한다.

성경의 세계에서 곡은 주로 여성의 일이었다. 우루크의 여성들은 그들의 통치자인 길가메쉬의 친구 엔키두를 위해 곡을 했다(《길가메쉬 서사시》 7.3.45). 이집트 여성들은 자기 손바닥으로 이마를 치고 흙을 자기 머리에 문지르면서 죽은 이를 위해 곡을 했다. 곡하는 이들은 죽은 이들의 산파이다. 산파들은 갓난아이를 인간 세상으로 안내한다. 마찬가지로 곡을 하는 이들은 갓 죽은 이들을 사후 세계로 안내한다. 갓 태어난 아이들의 눈을 열고 기도를 닦아 주는 산파들처럼 이들은 죽은 이의 눈과 입을 닫아 주었다. 갓 태어난 아이들의 몸을 씻고 기름을 발라 준 산파들처럼 곡을 하는 이들은 죽은 이들의 몸을 닦고 기름을 발랐다. 산파들이 갓 태어난 아이들을 포대로 감싸듯 곡을 하는 이들은 죽은 이들을 수의로 감쌌다. 갓 태어난 아이를 생모나 유모에게 건냈던 산파들처럼 곡을 하는 이들은 죽은 이들의 묘지와 무덤에 음식을 두었다. 찬미가를 부르며 갓 태어난 아이의 출생을 축하했던 산파들처럼 곡을 하는 이들은 애가를 부르며 죽은 이들이 가는 길을 마중했다. 곡을 하는 이들의 통곡은 단순히 고통의 표현이 아니었다. 그들은 죽은 이들을 위한 법적 대리인이었다. 갓 태어난 아기의 첫 울음이 아기를 집안에 받아들여 달라는 법적 청원이었던 것처럼, 곡을 하는 이들의 애가는 죽은 이를 사후 세계로 받아들여 달라는 청원이었다.

맺음말

신명기는 야훼의 백성으로 산다는 것이 무슨 의미인지를 이해하려는 철기 시대 이스라엘의 고민을 담고 있을 뿐만 아니라, 정체성 위기를 겪고 있던 고대의 다른 신앙 공동체에게 안내자 역할을 한다. 쿰란의 야하드 공동체가 여전히 신명기를 연구하고 있었다는 사실은 800개가 넘는 사해 문서 가운데 신명기 사본이 36개나 존재한다는 점이 증명한다. 신명기 사본은 시편 사본의 수와 같고 이사야 사본(21개)보다 많았다. 오늘날 유다인들은 매일 기도 가운데 토라를 읽는다. 그리고 로쉬 하샤나('토라의 기쁨'이라는 뜻; 역자주: 유다인들의 새해 첫날) 전 심핫 토라 축일(역자주: 공식적인 토라의 독서 주기에서 한 해의 마지막을 기념하는 축일)에 이르는 11주 동안 신명기를 읽는다.

신약성경은 신명기를 39회 인용하는데, 구약성경에서 이보다 더 많이 언급된 책은 시편(80회)과 이사야서(56회)뿐이다. 마태오복음에 나오는 "하늘 나라"와 마르코복음과 루카복음에 나오는 "하느님 나라"에 관한 설명은 신명기가 꿈꾸었던 이상적 공동체를 반영한다.

오늘날 《개정 공동성서일과》를 사용하는 20개가 넘는 그리스도교 공동체는 1년 전례 주기에서 10번의 주일과 약 20번의 평일에 신명기를 읽는다. 비록 교황 레오 12세의 〈새로운 사태*Rerum Novarum*〉(1891)와 교황 비오 11세의 〈사십주년*Quadragesimo Anno*〉(1931), 교황 바오로 6세의 〈민족들의 발전*Progressio Populorum*〉(1967) 같은 사회 회칙이 신명기를 직접 인용하지는 않지만, 인권에 대한 비슷한 관심을 반영한다.

쿠란 역시 신명기를 인용하지 않지만 그 내용을 알고 있다(쿠란 2,67-73; 2,178; 4,164; 5,45; 6,146; 7,144; 46,10; 110,1). 모세는 신명기를 공포하고 무함마드는 쿠란을 낭독한다. 알라가 모세에게 준 '푸르칸*furqan*'(2,53; 3,3; 21,48; 25,1; 역자주: '푸르칸'은 아랍어로 '판단, 증거, 기준' 등을 의미하며 이슬람에서는 쿠란 또는 쿠란의 25번째 경전을 가리킨다)은 아마도 신명기일 것이다(2,185; 8,29.41). 무함마드와 모세 모두 오로지 한 분이신 수호신을 따른다(16,9; 17,2; 25; 28,56; 37,4). 둘 다 마지막 유언이자 증언을 남긴다(5,1-119).

사목적으로 신명기는 오늘날의 유다인과 그리스도인, 무슬림에게 야훼 백성의 옛 삶을 따라 살라고 초대하지 않는다. 신명기는 조상에게 넘겨 받은 전통인 탈출기와 레위기, 민수기를 새로운 상황에 맞게 변용한다(Levinson 1997). 신명기는 신앙인들이 일상의 모든 측면에서 그것이 가르치는 감사의 삶을 살아가고 모세를 모범으로 하는 사심 없는 감사의 삶을 받아들이라고 초대한다. 임신한 어머니가 진통 끝에 새로운 생명을 낳듯, 감사의 삶은 야훼가 바라시는 세상이 완성되어 힘 없는 이조차 생존할 수 있는 새로운 세계를 낳는다.

자신의 고통을 기억하는 이들만이 타인에게 연민을 보이는 법이다. 야훼의 백성은 자신들이 한때 땅 없는 노예였음을 놀라울 정도로 솔직하게 기억한다(탈출 1,7-7,13). 그리고 야훼가 하신 일과 그분이 매일의 삶의 모든 영역에서 지금도 행하고 계신 일들에 대한 사심 없는 감사만이 샬롬*shālôm*을 창조할 수 있으며, 이를 통해 여성과 땅에 생명을 불어넣고, 온 공동체가 자신들과 후손을 위해 '생명'을 선택하게 할 수 있음을 기억한다(신명 29,1-31,29).

감사의 말

제2차 바티칸 공의회가 〈계시 헌장〉(23항)에서 모범으로 제시한 학자의 모습에 걸맞은 롤랜드 머피Roland E. Murphy 신부님(가르멜회, 1917-2002)과 조셉 블렌킨숍Joseph P. Blenkinsopp 교수님(1927-2022)에게 감사드린다. 롤랜드 신부님은 내가 성서학과 고대근동학을 공부하도록 영감을 주신 나의 스승이셨다. 신부님은 1968년에 출간된 《제롬 성경 주해*Jerome Biblical Commentary*》 초판의 편집자 가운데 한 분이셨다. 조셉 교수님은 《제롬 성경 주해》의 초판과 개정판에 실린 〈신명기〉를 집필하셨는데, 늘 그렇듯 성경의 세계를 이해하는 데 있어 탁월한 통찰을 보여 주셨다.

참고 문헌

Benjamin, D.C. *The Social World of Deuteronomy: A New Feminist Commentary*. Eugene, OR: Wipf & Stock, 2015.

Bergant, D. "What's Old about New Age: The Bible and Ecotheology." *New Theology Review* 20, May (2007): 38-46.

Darby, E. *Interpreting Judean Pillar Figurines: Gender and Empire in a Judean Apotropaic Ritual*. Tübingen: Mohr Siebeck, 2014.

Glanville, M.R. *Adopting the Stranger as Kindred in Deuteronomy*. Atlanta, GA: SBL Press, 2018.

Gerstenberger, E.S. *Theologies in the Old Testament*. Minneapolis, MN: Fortress; T&T Clark, 2002.

Lemos, T.M. "Dispossessing Nations: Population Growth, Scarcity, and Genocide in Ancient Israel and Twentieth-Century Rwanda." In *Ritual Violence in the Hebrew Bible: New Perspectives*. Edited by Saul M. Olyan, 27-65. New York: Oxford University Press, 2016.

Levinson, B.M. *Deuteronomy and the Hermeneutics of Legal Innovation*. New York: Oxford University Press, 1997.

Markl, D., ed. *The Decalogue and Its Cultural Influence*. (Herew Bible Monographs 58) Sheffield. England: University of Sheffield Press, 2013.

Matthews, V.H. and D.C. Benjamin. *Social World of Ancient Israel, 1250-587 B.C.E.* Peabody, MA: Hendrickson, 1993.

Meyers, C.L. *Rediscovering Eve: Ancient Israelite Women in Context*. Oxford: Oxford University Press, 2013.

Quick, L.E. *Deuteronomy 28 and the Aramaic Curse Tradition*. Oxford: Oxford University Press, 2017.

Richter, S. "The Question of Provenance and the Economics of Deuteronomy." *Journal for the Study of the Old Testament* 42 (2017): 23-50.

Stewart, D.T. "LGBT/Queer Hermeneutics and the Hebrew Bible." *Currents in Biblical Research* 15 (2017): 289-314.

Sweeney, M.A. *King Josiah of Judah: The Lost Messiah of Israel*. Oxford: Oxford University Press, 2001.

Wells, B. "What Is Biblical Law? A Look at Pentateuchal Rules and Near Eastern Practice." *Catholic Biblical Quarterly* 70 (2008): 223-243.

이 책은 데일 론더빌의 〈민수기 주해〉, 돈 C. 벤저민의 〈신명기 주해〉로 구성된다.

민수기는 모세오경에서 상대적으로 적은 관심을 받는 작품이다. 창세기와 탈출기는 흥미진진한 서사를 통해 하느님 백성의 기원을 들려주고, 레위기와 신명기는 법과 가르침을 통해 하느님 백성이 가야할 길을 보여 준다. 이에 비해 민수기는 다양한 성격의 글이 뒤섞여 있어서 중요한 작품이라는 생각을 하지 못하는 경우가 많다. 민수기에는 이스라엘 백성과 모세의 운명을 결정짓는 굵직한 사건들이 담겨 있다. 예를 들어 이스라엘 백성이 왜 40년간 광야 생활을 하게 되었고 하느님의 사람인 모세가 왜 약속의 땅에 들어가지 못하고 죽게 되었는지를 밝힌다. 무엇보다 민수기에는 영광이 아니라 죄의 순간을 되새기는 이스라엘의 고유한 기억 방식이 가장 분명하게 드러난다.

〈민수기 주해〉의 저자 데일 론더빌 신부는 베네딕도회 소속으로 현재 성 요한 신학대학 교수로 재직 중이다. 그는 미국 가톨릭대학교에서 박사학위를 마친 뒤 30여 년간 민수기와 에제키엘서, 그리고 성경 해석사를 주로 연구해 왔다. 성경 해석에 깊은 관심을 기울여 온 만큼, 이 책에서도 저자는 본문에 대한 다양한 접근 방식을 받아들인다. 본문을 있는 그대로 종합적으로 해설하는 동시에, 본문 뒤편에 있는 형성 과정에 대한 고려도 놓치지 않는다. 또한 '삶과 죽음의 차이가 크지 않은' 광야에서 오로지 야훼에게 절대적 신뢰를 보이는 것만이 살 길이라는 신학적 메시지도 간결하게 전달한다. 무엇보다 본문을 간결하면서도 차분하게 해설한다는 점에서 폭넓은 독자들에게 도움이 되리라 생각한다.

기어 브라울릭Georg Braulik(1934-2020)이 자주 말한 대로 신명기는 '구약성경의 중심'이라 불릴만큼 구약성경 신학과 영성의 핵심을 담고 있는 작품이다. 신약성경에 끼친 영향도 커서 신명기에서 줄곧 강조되는 '하느님의 백성'이라는 개념은 초기 그리스도교 공동체에 지대한 영향을 끼쳤다. 또한 '오직 하느님'이라는 가르침은 십자가 죽음까지 하느님께 순종하시는 예수 그리스도의 모습을 통해 완성된다. 마지막으로 신명기는 이스라엘이 죄에 쉽게 빠지는 백성이라는 점을 거듭 상기시키는데, 이는 '회개하라'는 세례자 요한과 예수님 가르침을 이해하기 위한 기본 전제이기도 하다.

〈신명기 주해〉의 저자 돈 C. 벤저민은 애리조나 주립대학과 라이스 대학에서 성서학과 고대근동학을 가르치면서 활발한 저작 활동을 해 왔다. 저자는 고대근동학과 문화사와 같이 다양한 분야에서 얻은 통찰을 이 〈신명기 주해〉에 반영한다. 이로 인해 독자들은 때로 기초적 해설이 부족한 낯선 접근법이라는 인상을 받을 수 있다. 하지만 저자가 주해를 하는 방식은 없는 것에 기초를 세우는 것이라기보다는 이미 잘 지어진 기초 위에 새로운 장식을 덧붙이는 쪽에 가깝다. 열린 마음으로 주해를 읽다 보면 〈신명기〉에 대한 새로운 해석의 문이 열릴 것이다.

끝으로 원고를 역자보다 더 꼼꼼히 읽고 진심을 다해 교정·편집 작업을 해 주신 '성서와함께' 편집자들의 노고에 진심으로 감사를 드린다. 이 책에서 발견된 모든 오류와 실수는 번역자의 부족함에서 비롯된 것임을 밝히며, 독자들의 관대한 이해를 부탁드린다.

윤성희 이냐시오